AF204913

Tucholsky Wagner Zola Scott Sydow Freud Schlegel
Turgenev Wallace Fonatne
Twain Walther von der Vogelweide Fouqué Friedrich II. von Preußen
Weber Freiligrath
Fechner Weiße Rose von Fallersleben Kant Ernst Frey
Fichte Richthofen Frommel
Engels Fielding Hölderlin
Fehrs Faber Flaubert Eichendorff Tacitus Dumas
Feuerbach Maximilian I. von Habsburg Fock Eliasberg Zweig Ebner Eschenbach
Ewald Eliot Vergil
Goethe Elisabeth von Österreich London
Mendelssohn Balzac Shakespeare Dostojewski Ganghofer
Lichtenberg Rathenau Doyle
Trackl Stevenson Hambruch Gjellerup
Mommsen Tolstoi Lenz Droste-Hülshoff
Thoma von Arnim Hanrieder
Dach Verne Hägele Hauff Humboldt
Karrillon Reuter Rousseau Hagen Hauptmann Gautier
Garschin Defoe Hebbel Baudelaire
Damaschke Descartes
Hegel Kussmaul Herder
Wolfram von Eschenbach Dickens Schopenhauer Rilke George
Bronner Darwin Melville Grimm Jerome
Campe Horváth Aristoteles Bebel Proust
Bismarck Vigny Barlach Voltaire Federer Herodot
Gengenbach Heine
Storm Casanova Tersteegen Gilm Grillparzer Georgy
Chamberlain Lessing Langbein Gryphius
Brentano Lafontaine
Strachwitz Claudius Schiller Kralik Iffland Sokrates
Katharina II. von Rußland Bellamy Schilling
Gerstäcker Raabe Gibbon Tschechow
Löns Hesse Hoffmann Gogol Wilde Gleim Vulpius
Luther Heym Hofmannsthal Klee Hölty Morgenstern
Roth Goedicke
Luxemburg Heyse Klopstock Puschkin Homer Kleist
Machiavelli La Roche Horaz Mörike Musil
Navarra Aurel Musset Kierkegaard Kraft Kraus
Nestroy Marie de France Lamprecht Kind Kirchhoff Hugo Moltke
Laotse Ipsen Liebknecht
Nietzsche Nansen Ringelnatz
Marx Lassalle Gorki Klett
von Ossietzky May Leibniz
vom Stein Lawrence Irving
Petalozzi Knigge
Platon Pückler Michelangelo Kafka
Sachs Poe Kock
de Sade Praetorius Mistral Liebermann Korolenko
Zetkin

Der Verlag tredition aus Hamburg veröffentlicht in der Reihe **TREDITION CLASSICS** Werke aus mehr als zwei Jahrtausenden. Diese waren zu einem Großteil vergriffen oder nur noch antiquarisch erhältlich.

Symbolfigur für **TREDITION CLASSICS** ist Johannes Gutenberg (1400 — 1468), der Erfinder des Buchdrucks mit Metalllettern und der Druckerpresse.

Mit der Buchreihe **TREDITION CLASSICS** verfolgt tredition das Ziel, tausende Klassiker der Weltliteratur verschiedener Sprachen wieder als gedruckte Bücher aufzulegen – und das weltweit!

Die Buchreihe dient zur Bewahrung der Literatur und Förderung der Kultur. Sie trägt so dazu bei, dass viele tausend Werke nicht in Vergessenheit geraten.

Clavis Fichtiana seu Leibgeberiana, Vorrede

(Anhang zum I. komischen Anhang des Titans)

Jean Paul Richter

Impressum

Autor: Jean Paul Richter
Umschlagkonzept: toepferschumann, Berlin

Verlag: tredition GmbH, Hamburg
ISBN: 978-3-8424-0788-6
Printed in Germany

Jean Paul

Clavis Fichtiana seu Leibgeberiana

(Anhang zum I. komischen Anhang des Titans)

Vorrede

Der Clavis ist ursprünglich das letzte Glied im *komischen Anhang* zum Titan; er löset aber von der alten Naide ab, um sich freier und durch Gesperre zu bewegen, wodurch ihm der korpulente Titan nie nachkann. Wenn es schicklich wäre, dem eignen Kinde Lorbeer-kränze aufzusetzen: so könnt' ich deren fünf für dasselbe binden; indes namhaft kann ich die Kränze machen.

Der erste und größte ist der, daß das Kind meines Dafürhaltens überall recht hat; besonders darin, daß es den fichtischen Idealismus mit dem apodiktischen Dasein fremder Mit-Ichs, das ihn gerade stützen soll, umzubrechen sucht. Indes kann sogar der Idealismus, der sich zum Egoismus hinaufdestillieren müssen, sich noch immer so mit der moralischen Welt abfinden wie mit der sinnlichen; – gegen Philosophie und die Nymphe Echo behält niemand das letzte Wort. – Allein das Kind, von dessen Lorbeern ich so viel rede, hätte auf Fichtens Elementargeist, auf das absolute Handeln oder Actuo-sum Albini, mehr mit theoretischer, nicht bloß mit praktischer Ver-nunft eindringen sollen; und ich würde mich wundern, daß dieses wie alles, was mein unmündiger Infant gesagt, nicht schon von mehreren erwachsenen gekrönten Köpfen als Jacobis seinem vorge-tragen worden, wäre nicht bisher diese Philosophie selber mehr in den Ohren als in den Köpfen gewesen. Im Reiche des Wissens kommt – anders als im physischen – der *Schall* immer früher an als das *Licht*. Man lasse die fichtische Philosophie einmal heller und

entwölkt dastehen[1] : so wird das nackte Eis dieses Montblancs all-
mählich unter wärmern Strahlen, als seine sind, weich und niedrig
werden und den Himmel nicht mehr tragen.

Das, worauf, wie ich sagte, das Kind mehr hätte bestehen können,
ist dieses: der sozusagen idealische Idealismus Fichtes lebt und
webt dergestalt im Absoluten, daß – da sich im *Zentrum* seines exis-
tierenden Universums die *Existenz*, wie im *Schwerpunkt* einer Welt
die *Schwere*, durch die Bestimmungslosigkeit aufhebt – daß nun gar
kein Weg mehr herein in die Endlichkeit und Existenz geht (so wenig als rückwärts aus dieser ins Absolute) ohne die unermeßlichen
dogmatischen Sprünge, Flüge und Unbegreiflichkeiten, die eben zu
erklären waren, aber hier erklären wollen. – Nur von der Seite der
Individuation, sagt Jacobi, ist in den Spinozismus einzubrechen; das
gilt auch von der Wissenschaftslehre und von jeder Philosophie,
insofern sie rein oder absolut wäre; – was aber außer der des unendlichen Genius keine ist, weil unsere hellesten Laternen immer mit
realistischen Eckhölzern Schatten werfen, oder in einer dem absoluten, empirischen und Nicht-Ich gemäßern Metapher, weil jeder der
drei Töne, die den Akkord erklären helfen, schon einen in sich trägt.
– Allein eben der Fehler, daß entweder der Schlußstein oder der
Boden eines Lehr- und Luftgebäudes realistisch ist, macht es unserem Sinne wahr. Durch *Steftenstücke*[2] täuscht uns die Philosophie
am besten.

Die zur Erklärung des Bewußtseins *ertrotzte* Ob-Subjektivität des
Ichs wird durch ein tertium comparationis, durch eine absolute
Frei- oder Ichheit begründet und gesetzt, der man als dem Grund
des Denkens die Denkbarkeit, als dem Grund der Akzidenzen, Sub-
stanzen und Kräfte alles dieses, als dem Grund der Existenz die
Existenz (die sich zum absoluten Handeln verhält wie die Zeit zur
Ewigkeit, Dasein zur Allgegenwart) allgemein abspricht. Ja ich
würde dieser absoluten Ichheit – da es hier gar nicht mehr auf das

---

[1] Schad will dazu das Seinige beitragen; er ist deutlich genug und jedem fichtischen Novizen anzupreisen; nur wiederholet er die erlaubten philosophischen
Wiederholungen zu oft und als Beweise und zu sehr ohne Ordnung; – Ordnung,
sagen schon die Ökonomen, ist das halbe Futter; für uns Philosophen aber ist sie
immer das – ganze.

[2] So heißet der Taschenspieler die Stücke, wozu er einen zweiten Mann braucht.

Denkbare ankommt, weil wir schon die Kategorie der Kategorien, die höchste Gattung, das Sein, verlassen haben – dieser Ichheit würd' ich, *insofern* sie der Grund ihres Grundes ist, auch diesen ableugnen; so daß zuletzt nicht sowohl *nichts* übrig bliebe – das wäre zu viel und schon *bestimmt*, weil nichts schon das *Alles* ausschließet – als *unendlich* weniger als nichts und *unendlich* mehr als alles, kurz die Grundlosigkeit der Grundlosigkeit. (Man könnte allerdings von hier aus noch weiter und tiefer gehen; denn das Reich des Undenkbaren ist undenkbar größer als das des Denkbaren.) Mithin ist das absolute Ich (dieses unbestimmt Unbestimmende, diese logische Nachgeburt und absolute Mutter der Ob-Subjektivität), ich sage dieses Ich, diese vollendete Antwort auf die heißeste ewige Frage des Menschengeistes, ist ganz die kühn-fixierte Frage selber, oder das von allen Skeptikern gefoderte, also vorausgesetzte anonyme X, die letzte, aber transzendente qualitas occulta jeder qualitas occulta. Mit dieser Foderung des Grundes wird nun der Rest oder die Endlichkeit leicht erklärt und begründet und sozusagen aus dem Durst so viel Trank bereitet, als man vonnöten hat.

Wird der fichtische Gott – das absolute, sich wie Erisichthon selber verzehrende und wie Christus selber auferweckende Ich, dieses zwar uns, aber nicht seiner bewußte Bewußtsein des Bewußtseins – *praktisch* oder moralisch betrachtet: so ist es – damit die der Philosophie unerläßliche *Einheit der Handlung* bleibe – die Freiheit, nicht unsere, sondern der Grund der unsrigen. Diese Freiheit der Freiheit setzte oder schuf das Notwendige (das Nicht-Ich), bloß um den Widerstand zu haben, ohne welchen ihr ein *zweites* Setzen unmöglich wäre. Unglaublich schwer zu fassen ist dieser Kampf des Absoluten ohne Existenz gegen die Existenz, da zwischen beiden gar kein Verhältnis denkbar ist. Noch dunkler wird es um uns her, wenn wir die Absicht und Natur des Kämpfens oder Handelns angeben, welche nichts ist als ein freies Handeln, bloß um frei zu handeln; nicht nur bei dem Heiligen, sondern auch bei dem Bösewicht, nur daß letzterer nicht auf die *rechte* Art (hier fehlt etwas Unentbehrliches, und doch können wir nichts Fremdes hereinnehmen) frei handelt der Freiheit wegen. Der allerdunkelste Satz ist der Zweckbegriff, daß mit diesem absoluten Handeln die Freiheit – sie, die nie freier sein kann, daher nach dieser Lehre auf einen tausendjährigen Heiligen nicht fester zu bauen ist als auf einen Neubekehrten – sich im Notwendigen oder Wirklichen realisieren will durch Besiegung desselben, die aber in alle Ewigkeit noch etwas Unbesiegtes nachlassen muß, weil mit dem völligen Aufhören des Widerstandes der jüngste Tag des Seins, des Bewußtseins und aller Tugend und Laster anbräche und das Universum auseinanderführe. Dann wäre nichts mehr da; die nicht-seiende Absolutheit ausgenommen.

Leibgeber, der Fichtianer, eben der Verfasser des folgenden Clavis, schreibt mir darüber: »Die Wissenschaftslehre ist die philosophische Rechnung des Unendlichen. Ist man nur einmal aus der Region der endlichen und erklärlichen Größen in die der unendlichen und unerklärlichen hinausgestiegen: so versiert man in einer ganz neuen weiten Welt, in der man sich vermittelst der bloßen Sprache – denn weder Begriffe noch Anschauungen langen herauf oder halten in diesem Äther aus – wie auf einem Fausts-Mantel leicht hin- und herbewegt; so daß das Unerklärliche sozusagen ein Besen ist, über welchen die Hexe, nach dem Volksglauben, nicht wegschreiten kann, auf dem sie aber hoch über der Erde durch die Lüfte reitet.«

Der zweite Lorbeerkranz, den ich meinem Kinde zurechtflocht, ohne ihm solchen aufsetzen zu dürfen, ist, daß es von mir gelernt, höflich und hochachtend den Hut abzuziehen vor dem neuesten philosophischen Ordensstifter, der den Geisterglobus, wie es Maupertuis für den Erdglobus vorschlug, bis aufs Zentrum durchgrub. Andere Polemiker hingegen als ich und mein Kind schonen lieber das System als den Mann und entlehnen nicht ohne Verstand die Kriegslist von den Römern, statt des Elefanten lieber den Führer droben anzufallen. –

Sollt' ich daher dem idealistischen Orden zu viel zumuten, wenn ich ihn bitte, auch mich und das Kind höflich zu traktieren und – selber wenn er Vater und Sohn zerhackt, kauterisiert, verschlackt, verglaset und verflüchtigt – es stets mit jener Politesse zu tun, die den Orden bezeichnet? – Himmel! Seit den Xenien sind wir ja fast alle unter der Hand, wir wissen kaum wie – denn nichts stecket schneller an –, um grob zu reden, ganz grob geworden; und selber diese Bemerkung ist keine Widerlegung von derselben. Würde nicht diese belgische Unart ohne Nachteil der Bitterkeit vermieden, wenn die Gegner mich bloß mit Lob belegten, aber mit ironischem? Und sollt' ichs nicht verlangen dürfen, da ich sie so oft mit ähnlichem überhäuft, es sei nun, daß ich den Asteismus dazu nahm oder den Charientismus oder die Mimesis oder gar den Diasyrmus? –

Aus dem dritten väterlichen Lorbeerkranz kann dem armen Küchlein gerade ein Strohkranz erwachsen; nämlich aus dem für Leibgebers Zusammenschütten des Spaßes und Ernstes. Inzwischen besteh' ich darauf, daß jeder Rezensent sein Laab mitbringe, womit er die Mixtur wieder in beide Bestandteile rein auseinanderlaufen lässet, und daß er Spaß verstehe und *dadurch* den Ernst.

Einen vierten Kranz hatt' ich für die Offenheit zusammengelegt, womit das Kind vieles beim Namen nennt; z. B. den Idealismus heißet es häufig Idealismus. Die besten Köpfe des obigen Ordens nehmen sich gegen das große Publikum statt der dürftigen Freiheit ihrer Vorfahren, alte Ideen für neue auszugeben, die reichere heraus, neue für alte anzukündigen und andere alte in der idealistischen Sprache vorzutragen. Ich wünschte einmal nur eine Stunde lang das mit den neuern Systemen unbekannte große Publikum zu sein, um nur zu wissen, wie mir das idealistische Zuckerwerk, das in den Formen und Farben aller derben Viktualien des realistischen Menschenverstandes herumgegeben wird, schmeckte und bekäme. Halb würd' ich dann, glaub' ich, bei dieser neuplatonischen, erstchristlichen, japanisch-jesuitischen Akkommodation die Sachen ganz falsch und in meinem realistischen Sinn und mithin anders, als der Autor begehrte, verstehen, und halb würd' ich unbeschreiblich konfus dasitzen, im Finstern lesend, und mich doch weiter fort martern, weil der Autor – halb *verfinsternd*, halb *auffliegend*, gleich dem Dintenfisch, der durch beides den Feinden ausbeugt – durch sein moralisches Feuer das meinige in Anspruch nähme – – Nein, nicht eine halbe Stunde lang wollt' ich das Publikum sein, das dasitzt und verdrüßlich flammt, noch aufpassend wofür.[3]

---

[3] Vieles davon gilt gegen Fichtes »Bestimmung des Menschen«, die mit mir vorgestern von J. zurückgefahren. Ohne Kenntnis der Wissenschaftslehre bleiben die ersten Abschnitte unverstanden; und der dritte, der am meisten populär sein soll, gar mißverstanden. Der populäre Leser findet S. 208 etc. 330 etc. Realismus und 296 etc. Idealismus und doch wieder im nächsten Perioden das Gegenteil;

Aber den fünften Lorbeerkranz, den ich für meinen guten Nestling und Dauphin gepflückt und gewunden – die fünfte und schönste Krone, so wie sonst der König von Polen fünf Kronen hatte, wovon die fünfte die der Königin war –, diesen will ich ihm hier vor der Welt wirklich auf den Scheitel legen und über die Schläfe hereinziehen; ich will den Neugekrönten dir widmen und dedizieren,

geliebter Friedrich Heinrich Jacobi!

Er sei dir zugeeignet, wie mein Inneres schon so lange dem deinigen. Unsere geschriebenen Briefe, weißt du, sind nur die Nachfahrer unserer gedruckten; ja ich habe dich früher oder länger geliebt, Heinrich, und weit gründlicher. Denn aus deiner Hand empfing ich die von der Schönheit damaszierte Waffe, an der die gegen das Leben gezuckten Zergliederungsmesser der Zeit zerspringen. Wenn der Dichter *ein* Auge, wie Polyphem, mitten auf der Brust, und der Philosoph *eines*, wie die Seligen in Muhammeds Paradiese, oben auf dem Wirbel hat und ins Blaue sieht wie jener ins Tiefe: so hat der rechte Mensch zwei Augen zwischen der Stirn und der Brust und sieht *überall* hin. – – Und darum lieb' ich dich immer so fort; aber warum hab' ich dich denn noch nicht gesehen, mein Heinrich?

Weimar, den 7. März 1800.

Jean Paul F. Richter.

---

und nun gar S. 292 etc. die Darstellung des absoluten Ichs und der moralischen Weltordnung! – Ja diese Popularität, diese dunkle Verkörperung des Entkörperten, wird selber dem philosophischen Leser lästig, der mit der einen Hand immer an- und mit der andern auskleiden und aus dem Neuen immer etwas Altes machen muß.

Protektorium für den Herausgeber

Ich muß mir hier selber eines ausfertigen, um nicht von meinen Freunden so mißverstanden zu werden, als ob ich mich durch die Herausgabe des folgenden, der Wissenschaftslehre so günstigen Clavis Leibgeberiana nun auch zu den Fichtisten schlüge. Daher schick' ich dem Clavis einen Privatbrief vom Verfasser und einige Exercitationes über das Philosophieren insgemein gleichsam als einen Eisbock voraus, um den ersten Stoß seines Systems zu schwächen. Will mich einer dann noch unter die Wissenschaftslehrer werfen, so versuch' ers; aber mein Mann ist er nicht.

Der Übertritt meines guten, wohl jedem Deutschen aus meinen »*Blumenstücken*« bekannten Leibgebers zur Wissenschaftslehre ist eine ganz natürliche Entwickelung seiner seltenen Natur. Die Fichtisten Schlegel machen deswegen im Athenäum so viel aus seiner Denk- und Schreibart – aus jeder andern aber in meinen Werken, z. B. aus meiner, wenig –; wahrscheinlich war er schon damals verdorben und mein Renegat, und beide kannten ihn vielleicht persönlich. Nach einem alten Brief aus Blitzmühl – ich weiß nicht, wo das Nest liegt – hatt' er sich anfangs hingesetzt und Fichten studiert, aber bloß um nach seiner Art darüber zu spaßen. Allein ich seh', es erging ihm in der Folge wie dem Rotterdamer Bürgersmann Bredenburg[4] , der den Spinoza, um ihn gründlich zu widerlegen, in eine demonstrative Schlachtordnung stellte, sich aber unter dem Stellen unversehens vom Juden festgehalten und überwältigt sah. Spuren seines ursprünglichen Vorsatzes, die Wissenschaftslehre lächerlich zu machen, schimmern noch überall im Clavis durch; und sooft er auch darin zu einem ihm schweren, ernsten, nüchternen Stil ausholt und ansetzt, so stellet er doch bald wieder (nach seinem kurzweiligen grotesken Naturell) alles in ein so komisches Licht, daß er einfältige Leser ordentlich dumm macht.

Hier ist sein Handschreiben; dann kommen meine Exercitationes.

*

---

[4] Bayles Dictionnaire, Art. Spinoza, not. M.

Hamburg.

»Auf dem Dreckwalle No. 46 bei Herrn Samson Herz, dem ich zwei Punschgläser abgenommen, muß deine Antwort an mich, lieber Biograph, abgegeben werden unter der Adresse: an S. T. Herrn S. Ich komme eben aus der gefolterten hagern Schweiz, der man jetzo selber Bernhardshunde schicken sollte; denn die gallischen Schirmer und Retter[5] haben sie bis auf die Knochen abgezauset. Wenn man mit der *Fünf-Herren-Leiche*[6] der Freiheit ein paar Gassen mitgezogen, so verflucht man am Ende alles. Das ganze Jahrhundert ist ein Wettrennen nach *großen* Zielen mit *kleinen* Menschen. Indes mag der allgemeine Wettlauf nach Wahrheit und Freiheit doch an einen ähnlichen reichen, den ich mehrmals in Greenwich gesehen, wo Matrosen Kämme, Pfeifenköpfe, Taschenmesser etc. aufs Spiel setzen und vorher zwei – Läuse auf den Tisch und dann ängstlich abwarten, welche Laus – ob die Rennerin des Gegners oder die eigne – zuerst den Tischrand erlaufe.

Ich wettrenne seit einigen Wochen auch mit; und habe in Bern (um nur den Jammer und Quetschwunden unter der herübergestürzten gallischen Lauwine nicht länger anzusehen) tief philosophiert und beiliegenden Clavis im Feuer gemacht.

Ein gewisser Professor *Schad* soll, wie ich höre, die Goldbarren meiner Wissenschaftslehre für das Volk ausmünzen. Sag ihm, er verbinde mich. Ich, Fichte, die Schlegel, Schelling, Hülsen, Schad und Studenten können das kritisch-fichtische Dintenfaß – wie Luther seines gegen den Teufel – gar nicht oft genug an die Wand ausleeren, wenn das Scheibenschwarz so wenig daraus wegzukratzen sein soll als das noch haftende Luthersche. Noch haben wir nicht einmal 30 000 Zuhörer; und doch liegt der große Johann Duns, der gerade so viele in Oxford hatte, mit seiner Philosophie unter und im Staub und ist Staub. Ich gedenke aber noch die Zeit zu erleben, daß meine Fichtische Wissenschaftslehre von Nachtwächtern (statt der historischen Epochen, die man ihnen abzusingen angeraten) vorgetragen wird – und in Kalendern für den gemeinen Mann –

---

[5] In der Jagd bekannte Hunde. – Die Bernhardshunde verdienen jenen Namen mehr, da sie von den guten Mönchen auf dem St. Bernhardsberg zur Erquickung und Leitung Verirrter ausgesandt werden. Anmerkung des Herausgebers.

[6] Man kennt die Nürnberger Achtherrn-, Dreiherrn-Leichen. A. d. H.

in Spaßpredigten am Ostersonntag, die noch in Spanien existieren – in Speisepredigten in Refektorien – in gut dazu eingerichteten Komödien[7] – und sogar von Kempeles hölzernen Schach-Türken, der mit seinem Stäbchen geschickt auf die dazu erfoderlichen Lettern weisen mag. – Eine schwache und wohlverdiente Belohnung für den Philosophen, der den ganzen Tag sich lebendig anatomiert und – wie man besondere Hunde für die Experimente in der Hundsgrotte hält – zugleich die Grotte und sein eigner Hund ist, den er stündlich in der Todesluft des Idealismus erstickt und in der gemeinen Lebensluft des Realismus erweckt.

Die Vernunft als solche kann wie der Träumer, wie sie auch sich plage und kneife und vom Träumen träume, nicht aus sich heraus; sie kann wie die Luftröhre in sich nichts Fremdes leiden, Luft (Wort, Geist) ausgenommen. Es mußte also nach dem *zermalmenden* Kant, der noch große Stücke, wie die Dinge an sich, übrig ließ, der *vernichtende* Leibgeber aufstehen (denn ob ich Fichten moralisch postuliere, das wird sich im Clavis zeigen), der auch jene verkalkte und nichts stehen ließ als das *weiße Nichts* (nihilum album, wie die Chemiker den feuerbeständigen Zinnkalk nennen), nämlich die ideale *Endlichkeit* der Unendlichkeit. Brächte man auch jene gar weg (und Fichte gibt einen Wink dazu[8]): so bliebe nur das *schwarze Nichts* übrig, die Unendlichkeit, und die Vernunft brauchte nichts mehr zu erklären, weil sie selber nicht einmal mehr da wäre; – das erst, dünkt mich, würde der echte philosophische Fohismus sein, nach welchem sämtliche Schulen und wir alle so ringen.

Nimm hier den Anfang, den Bart meines Clavis, Biograph, und gib der Welt den Schlüssel. Ich bin darin nicht sowohl darauf ausgelaufen, die *Beweise* als die *Resultate* meines Leibgeberianismus solchen Lesern, die in meiner »Grundlage der gesamten Wissenschafts-

---

[7] Comenius flößte die Geschichte der Philosophie in Komödien ein (wie Jesuiten die Grammatik); meines Bedenkens das beste Mittel, die Geschichte der Philosophie sowohl als der Philosophen rein zu geben. A. d. H.

[8] Fichte sagt popular (und eben darum unverständlich): »mit einem Hauch« kann unser Geist das Universum ins Nichts zurückwerfen. Im Sinne seines Systems heißet das: unser absolutes unendliches Ich kann seine Einschränkung, d. h. sein Setzen des Nicht-Ichs (des Universums) aufheben, folglich mit dem Ob-auch das Subjekt oder das bewußte Ich, mithin alles Sein; denn es selber ist nicht, wiewohl es stets wird oder handelt. A. d. H.

lehre«, Leipzig 1794 bei Gabler, und in dem schwürigern »Grundriß des Eigentümlichen der Wissenschaftslehre«, eben daselbst 1795, weder aus noch ein wissen – und vielleicht vom halben weiblichen Geschlecht kann man annehmen, daß es mich nicht kapiert –, in der leichten wechselnden Form eines Wörterbuchs[9] wie die kantianischen sind, darzureichen und aufzuhellen.

Nur *einen* wichtigen Beweis führ' ich, obwohl implicite. Indem ich nämlich die Resultate konsequenter und so stelle, daß sie dem sogenannten Menschenverstand eigentlicher echter Wahnsinn sind: so zeig' ich wahren gebornen Philosophen, was sie aus dem leider so allgemeinen Menschenverstand, der sie ewig vexiert und pfetzt, zu machen haben, sobald er imstande ist, ein so fest gewölbtes Lehrgebäude zu einem Irrenhause zu verrücken. Er fällt nun in ihren und meinen Augen gänzlich zu einem negativen Probierstein der Systeme herab, so daß, was er nicht für toll erklärt, uns nicht rein philosophisch ist – nur umgekehrt gilts nicht, und ein Gedanke kann sehr toll sein, ohne darum vernünftig zu sein; – wir akzeptieren daher recht gern Ciceros Lob: es sei nichts so närrisch, was nicht einmal ein Philosoph verfochten hätte; nur muß er erlauben, daß es bloß von unsern Tagen der philosophischen Vollendung gelte. Ebenso bemerkt Wendeborn, in England wäre zugleich die meiste Vernunft und die meisten Tollhäuser; und so sind Falken nur so lange zur Beize zu gebrauchen, als sie die Verrückung behalten, in die man sie durch Schlaflosigkeit gezwungen hat.

Und damit gut! Wenn mein Schlüssel sich nicht ab-, sondern das Uhrwerk aufdreht, will ich ihn lebenslang tragen als Kammerherrnschlüssel, Löseschlüssel, Dieterich u. dergl. –

Gehab dich wohl, Biograph! Mein fichtischer papierner Drache, den du nun in die anti-fichtische Wetterwolke auffahren lässest, kann dir, weil du darunterstehst mit der Schnur, ein paar Donnerschläge auf den Scheitel zuwenden; stecke sie ein! – Apropos! Entsinnest du dich keines stämmigen Menschen mit einem Hinkfuß und einer seitwärts-geschneuzten Nase, der dich in Weimar besuchte und gleich beim Eintritt sagte, er sei begierig, den Mann von Per-

---

[9] Ich habe aber die alphabetische Ordnung des Clavis in eine systematische umgesetzt und Paragraphen über die Artikel geschrieben, um es manchem faßlich zu machen, auch bündiger. A. d. H.

son kennen zu lernen, den man immer so falsch in Kupfer gestochen? Sinn nach! Die Noblesse schiffte gerade unten vor deinem Eckhause in einer langen Schlitten-Linie vorbei, und du sahest der Kälte wegen durchs Fensterglas mit dem Augenglas. Fällt dir nicht ein, daß ein Hinkfuß auf deinem wie das Jahrhundert fast 6 Oktaven langen, aber doch erbärmlichen Klaviere trommelte, und daß er das Gleichnis machte? Sagt' er nicht, er komme direkte aus Jena und habe da nicht bloß die alten septem miracula Jenae, den Fuchsturm, das Weigelsche Haus etc., sondern auch die neuen ebenso großen besehen? Und lenktest du nachher nicht das Gespräch auf die Charaktere in deinen Werken und hobest aus ihnen gerade Leibgebers seinen preisend heraus und schwurest dem Hinkfuß bescheiden (freilich sollte dadurch, hofftest du, ein besonderes Licht auf dich als Maler fallen), du würdest dich ordentlich scheuen und bücken vor dem prächtigen, freien, kecken Charakter, wenn er vor dir stände? –

Ich war der Fuß.

Leibgeber.«

*

Über dieses alles verlässet mein Gedächtnis mich ganz, und es gehöret auch nicht hieher. Ich gebe daher ungesäumt

die Exercitationes über das Philosophieren insgemein.

Gerade die Stelle in Leibgebers Briefe, wo er die Hoffnung verrät, uns durch einen strengern Beweis, daß seine Lehre Wahnsinn sei, für diese zu bestehen und zu werben, macht meine Entschuldigung der Herausgabe aus; denn eben dieser Beweis verjagt uns aus seinem Lehrgebäude. Sobald eine doppelte Evidenz in uns richtet und leuchtet, die Evidenz des *Sinnes* und die der *Vernunft*; – und sobald mans durchaus wie ein Zwitter machen muß, der bei befundenem Gleichgewichte seiner Geschlechter eines davon nach den Rechten abzuschwören hat: so schwör' ich hier das schwächere ab, das nichts zeugt.

Aber beim Himmel! es ist gar nicht nötig. Hätte nur irgendein Mann ein dünnes, aber herzliches Buch darüber geschrieben, wie mißlich und leer das metaphysische Differenzieren und Integrieren bloß darum sei, weil es durchaus polnisch oder deutsch oder in irgendeiner Sprache geschehen müsse: so wären wir Philosophen insgesamt aufs Trockne gebracht und sähen Land.

Denn ich meine so:

Unsere Sprache ist ursprünglich bloß eine Zeichenmeisterin der *äußern* Wahrnehmungen; die spätern *innern* empfingen von ihr nur das Zeichen des frühern Zeichens; daher machen die *Quantitäten* – diese einzigen physiognomischen Fragmente der Sinnenwelt – fast den ganzen Sprachschatz aus; die *Qualitäten* – mit andern Worten die Kräfte, die Monaden der Erscheinung, uns nur im Bewußtsein, nicht im Begriff gegeben – diese Seelen werden immer nur in jene Leiber der Quantitäten, d. h. in die Kleider der Kleider gehüllt. Wäre nur die Sprache z. B. mehr von der *hörbaren* als von der *sichtbaren* Welt entlehnt: so hätten wir eine ganz andere Philosophie und wahrscheinlich eine mehr dynamische als atomistische. Endlich muß jedes Bild und Zeichen zugleich auch noch etwas anderes sein als dieses, nämlich selber ein Urbild und Ding, das man wieder abbilden und bezeichnen kann u. s. f. Wenn nun der Philosoph seine Rechenhaut aufspannt und darauf die transzendente Kettenrechnung treiben will: so weiset ihm die bloße Sprache drei gewisse Wege an, sich zu – verrechnen.

Der älteste ist, die Qualitäten zu Quantitäten zu machen, um diese Leiber und Substrate der Kräfte summieren und differenzieren zu können, wie die atomistische Schule und die Enzyklopädisten taten. Der Rechner erpresset durch diese Verwandlung der Seelenlehre in Größenlehre – ähnlich der Hallerschen Verwandlung der Physiologie in Anatomie – ein mathematisches Fazit, welches dem ästhetischen gleicht, das herauskäme, wenn man ein Gedicht wöge und mäße, statt es durchzulesen. Z. B. die einzige *optische* Metapher Ein-, Vorbilden, Anschauen, Idee, Bild hat um die geistige Tätigkeit einen atomistischen Nebel und Dunst gezogen, den uns eine *akustische* erspart hätte.

Der zweite Weg, sich zu verrechnen, ist der, daß der Rechner die Quantität zur Qualität, den Körper zum Geiste zu destillieren und hinaufzutreiben sucht; da er aber dazu nie gelangen, nicht einmal approximieren[10] kann; und da die philosophische Dynamik nicht, wie die mathematische, Quantitäten – z. B. die Kraft den durchlaufnen Raum – zu Exponenten haben kann: so schleicht der Rechner entweder auf den ersten Irrweg zurück, oder er weiset bald eine ausgeblasene hohle Quantität hervor, um weiter zu *rechnen*, zu schließen und zu *binden*, bald eine Qualität, um zu *setzen*, eine wahre Bilderschrift wie auf alten Mundtassen, halb Buchstaben, halb Malereien, eine taschenspielerische Nachahmung der generatio aequivoca, halb atomistisch, halb dynamisch. –

---

[10] Man nehme z. B. das Fichtische Wort Begrenzung oder Einschränkung des absoluten Ichs. Es bezeichnet eine Quantität und kann nach der höchsten Abstraktion und Ausbälgung nur gerade so auf eine Qualität angewandt werden wie die Wörter: Einengung, Einzäunung, Eindämmen, Fesseln, Zusammenpressen, Verdichten etc. Will ich durch diese lebendigern Wörter das Verhältnis des Unendlichen zum Endlichen bezeichnen: so merk' ich, daß ich etwas Falsches denke; tu' ichs mit jenem Wort: so merk' ichs weniger, weil ich bei dem Worte selber weniger denke. Die wolffianische und die kritische Schule sind im Besitz der reichsten Kabinetter leerer Konchylien. – So ist das Fichtische Zurückgehen der Tätigkeit in sich selber eine Quantitätsmetapher, die, auf Kräfte angewandt, rein nichts bedeuten, noch weniger erklären kann.

Das verwandte dritte, aber beste Kunststück ist, das Gold des Wirklichen dünn und breit zu schlagen, um es *durchzusehen*. Da nicht in der Sprache, wie in der Mathematik, Identität des Zeichens und Objektes stattfindet, ja da die Worte nicht einmal Schattenbilder, nicht einmal fünf Punkte vom Objekte – denn diese geben doch *etwas* von der Sache –, sondern willkürliche, nichts malende Schnupftuchsknoten der Besinnung sind: so ist für den Philosophen, der immer das Ei früher ausbläset als ausbrütet, die Sprache gerade ein unentbehrliches Werkzeug. Die Welten des Wirklichen (in und außer ihm), die er erklärt durch Einschmelzung in *eine* unerklärliche, schatten sich in der *Vorstellung*[11] nur als *Kreise* der vorigen Kugeln ab; und diese Kreise oder Vorstellungen werden wieder *Punkte* oder Zentra in der *Sprache*. Diese Punktierkunst mit Atomen, diese logische Algeber heißet nun Philosophie; d. h. vom *Strahle* des Wirklichen entwirft die Vorstellung einen treffenden *Schattenriß* – dann wird sie von allen spezifischen Verschiedenheiten so lange ausgeleert, daß sie schon mehrere Objekte aufnehmen und man z. B. den Geschmack als einen feinern Geruch oder umgekehrt definieren kann – dann fährt man fort und macht sich Begriffe aus Begriffen, bis man so weit ist, daß das ganze Universum nun mit allen seinen Kräften und Farben bloß durchsichtig als ein weites luftiges Nicht-Ich dasteht – dann braucht man noch einen Schritt, so ist auch sogar dieses Nicht-Ich vom Ich nur im Grade wie »Finsternis vom Licht«[12] verschieden, das Angeschauete ist die Anschauung und diese das Anschauende oder Ich – und dann ist das weite Karthago, die unendliche Stadt Gottes, zugeschnitten aus der Haut des Ichs.

Da wir jahrelang mit *vollen* Wörtern uns erinnern und phantasieren, so merken wir es nicht sogleich, wenn wir mit *leeren* denken; etwan wie Darwin behauptet, daß einer, der lange die gefüllte Pfeife im Munde gehabt, es im Dunkeln nicht sogleich würde innenwerden, daß er sie ausgeraucht.

---

[11] »Das Würkliche kann außer der unmittelbaren Wahrnehmung desselben ebensowenig dargestellt werden als das Bewußtsein außer dem Bewußtsein, das Leben außer dem Leben, die Wahrheit außer der Wahrheit.« Jacobis Hume über den Glauben. S.140.

[12] Grundlage der ges. Wissenschaftslehre. S.78-80.

Jetzt muß jeder sich mit Philosophie versorgen zur Wehre gegen Philosophie, mit einem angespiegelten Basilisken zur Falkenbeize des dastehenden. Aber die richtige Philosophie, wie die Jacobische, weiß und bekennt, daß die Vernunft ein Danaiden-Filtrum sei, das zwar den Trank *reinigen*, aber nicht *schöpfen* kann, und daß sie nur, wie Herder sagt, vernehme und also bekomme, finde, nicht erfinde. Allein dem Menschen ist das Erklären und Benennen geläufiger als das Besinnen und Wahrnehmen, und dieses leichter als das Ahnen, dieses genialische Wahrnehmen. Es gibt Wahrheiten (und das sind die wichtigern), die weder der Kopf noch das Herz aufschließet – allein, sondern beide zusammen; am Pol macht die *Kälte*, unter der Linie die *Hitze* blind.

Auffallend ists, wie wenig selber der Philosoph sich der bloßen syllogistischen Kette anvertraue, wenn man die sonderbare Beobachtung macht, daß er sie oft auf fremde oder auf eigne Autorität annimmt. Man soll mich sogleich verstehen. Lange Rechnungen lässet der Mathematiker, so gewiß auch das Einmaleins ist, von andern wiederholen, um gewisser zu sein, daß ers beobachtet hat; oder er wiederholt selber. Der Wilde, der nicht über die 10 Finger hinauszählt, müßte schon bei der Berechnung des Einmaleins zur Hypothek der Wiederholung greifen. – Ferner: Fichte sagt in seiner Einleitung in die Wissenschaftslehre, es sei doch *möglich*, daß er irre, und daher geb' er sie der fremden Prüfung hin; d. h. die Richtigkeit des logischen Einmaleins versichert nicht die Richtigkeit seiner Anwendung. Der schwache, aber vernünftige Kopf muß ein kleineres Vertrauen auf seine Anwendung dieses Einmaleins als auf die fichtische setzen und also dieser gegen seine glauben. – Ebenso vertrauet weiter der Philosoph und der Mathematiker dem großen Chemiker, Historiker etc.; und – zum Beweis, daß nicht das Historische der Wahrheit den Unterschied mache – ebenso diese jenen. – Endlich kann zwar ein genialischer Scharfsinn sich an seiner Schlußkette über das Nein eines ganzen Weltteils wegsetzen; aber dieses Vertrauen – nicht auf seine logische Regel, denn diese hat er mit dem Weltteil gemein, sondern – auf die Anwendung dieser Regel kann doch nur auf einem Schluß aus einem Faktum ruhen, daß er nämlich größere Kräfte habe und ein herrlicher Kopf sei; und er ist also seine *eigne* Autorität.

Was ergibt sich aus diesem allen? Erstlich, daß die logische Evidenz erst eine andere über ihre Anwendung (auf Gegenstände) bedürfe – Zweitens, daß, da wir bei der sinnlichen und bei der moralischen Evidenz Autoritäten nicht begehren, sondern sogar überwinden, die logische den beiden andern wohl abborgen, aber nicht nachhelfen könne – Drittens, daß die Wahrscheinlichkeitsrechnung und Hoffnung, mehrere werden eher die logische Regel erfüllen als einer[13] (da die Mehrheit an und für sich bloß die Wiederholung des Irrtums setzen würde), oder die Hoffnung, die größere Denkkraft wende bei gleicher Regel diese gewisser an – daß diese Wahrscheinlichkeitsrechnung, sag' ich, in der menschlichen Natur unbewußt einen angebornen Glauben an eine höhere Wahrhaftigkeit hinter den Wolken unsers Dunstkreises und unsers Gehirnes voraussetzt, welche sich uns wie all' ihr Gutes und Frohes ewig in der *Regel* und nicht in der *Ausnahme* offenbaret. –

Ich kehre zurück. Je gemeiner und dürftiger die Seele ist, oder je jünger, desto froher und leichter zieht sie in ein Lehrgebäude hinein, staunend über das allgemeine Licht darin, bloß weil sie da erst durch die *Zeichen* die *Sachen*, erst durch die *Schlüssel* die *Rätsel* kennen lernt, anstatt umgekehrt. In leeren öden Köpfen hat die Vernunft den geraden Gang leichter, so wie nur *leere* Arterien in Kadavern *gerade* laufen. Hingegen war nie ein reicher Kopf der Planet oder die Nebensonne eines andern reichen – er hatte an seinen *eignen* dunkeln Welten genug zu beleuchten –; aber leicht dessen Reisegefährte auf dem konzentrischen Umlauf um die Zentral-Sonne.

Je länger ein System lebt – ich habe eben das kantische im Kopf –, desto leichter, beweglicher, mechanischer und faßlicher wird es, und also desto erbärmlicher seine Leibeigne, Kuranden und Panisten; das tiefsinnigste System bei Jahren kann man ohne allen Tiefsinn handhaben und abbeten; indes seine ersten Jünger und Apostel immer Leute von Geist sind. – Zuletzt wird einer systematischen Gilde – ich darf wieder die kritische nennen –, diesen Regenten und

---

[13] Und mit Recht. Die Minorität hat allemal unrecht gegen die Majorität, wenn beide gleiche Geisteskräfte haben: so ein Mensch gegen das Jahrhundert bei gleichem Fall. Hat er aber größere Kräfte, so ist er ein antizipiertes Jahrhundert, eine künftige Majorität.

Nabobs über 2000 Vokabeln[14] , jede andere Sprache (als ihre lingua franca) gänzlich unverständlich und mithin jede Anschauung unzugänglich. Daher beschweren sich die Hesychasten oder doch Rhinopten[15] unter ihnen so wahr über die poetische Dunkelheit von Werken, die nicht so klar sind als die kantianischen (nicht die kantischen); und in der Tat dürfen Starpatienten klagen, daß sie die *Starnadel* nicht zu *sehen* vermöchten, so wenig als den Okulisten. Von der andern Seite sollten sie aber mit Dank erkennen, daß ihnen die Natur wie den Katzen[16] noch ein drittes Augenlid verliehen, das sie gegen das Tages-Licht vorfallen lassen, um den Apfel für die Nacht zu sparen. – –

Dieses kurze Protektorium ist, hoff' ich, für meine Freunde lang genug, um mich von dem Verdachte reinzuwaschen, als ob ich mit der Edition des Clavis den Fichtianismus mehr begünstigen wollte, als ein Philosoph meiner Gattung darf. Gleichwohl erquickt es mich, daß mein Leibgeber, da er einmal ein Fichtianer ist, es im vollsten freiesten Grade ist; wer kann und will, kann sich davon überzeugen, es sei daß er den Clavis mit den Zitaten aus Fichte zusammenhalte oder kürzer mit Jacobis Darstellung des Spinozismus – aus welcher durch ein kleines *Rochieren* und Versetzen des *ens reale*[17] *der* Teil der Wissenschaftslehre zu entwickeln ist, in den die praktische Vernunft noch nicht mitspinnt und eingesponnen wird – oder leichter mit *Neebs* Abriß der Ichs-Lehre[18] . – Aber wenn

---

[14] Ein indischer Nabob nannte sich einen Herrn von 2000 Wörtern; und fragte den französischen Konsul: »Von wie viel Wörtern ist dein König Herr?« Dieser überreichte die – Enzyklopädie mit dem Gesuche, der Hof solle davor knien. Lambergs Tagebuch eines Weltmanns. S.111.

[15] Jene und Brahminen sehen auf, diese durch die Nase.

[16] Nikolais Pathologie B.V. §194.

[17] S. Grundlage der gesamt. Wissenschaftslehre. S.47.

[18] S. dessen Vernunft gegen Vernunft etc., in der Andreäischen Buchhandlung 1797, S.72 etc. Dieser scharf- und tiefsinnige Kopf, der kräftig an- und umfasset und der ein Herz hat, empfiehlt sich Freunden und Feinden. Erstlich den Feinden oder der kritischen Schule dadurch, daß er ein System der kritischen Philosophie und in Niethammers Journal 1795 im sechsten Heft einen Aufsatz: »Unmöglichkeit eines spekulativen Beweises fürs Dasein der Dinge« geschrieben, – zweitens den Freunden oder der metakritischen dadurch, daß er eben das oben zitierte treffliche Buch gemacht. Ich empfehl' ihn hiemit und setze – um es zu tun – dazu, daß ihn mir mein Freund Jacobi empfohlen, der gern in seinem Brief an

solche Männer wie Leibgeber und viele transzendente renommisti-
sche Jenenser zur Wissenschaftslehre schwören: dann ists Zeit, auf-
zumerken, wie viel Uhr es sei.

Wahrlich es ist Zeit zu ahnen, welcher unauflöslichen schwärme-
rischen Sprachen- und Gedanken-Verwirrung wir zutreiben. Der
höhere – als Kunstwerk unsterbliche und genialische – Idealismus
Fichtes strecket seine Polypen-Arme nach allen Wissenschaften aus
und zieht sie in sich und tingiert sich damit. – Der Hylozoismus in
der Physik und Chemie der einen Fichtianer, die das vom Ich nur
im Grade verschiedene Nicht-Ich durch den Organismus beseelen,
indes die andern den Geist in physische und galvanische Erscheinungen oder Metaphern verkörpern – die Vergötterung der Kunst
und Phantasie, weil die Bilder der letztern so reell sind als alle ihre
Urbilder – das poetische, keinen Ernst unterlegende Spiel und die
Ertötung (statt Belebung) des Stoffes durch die Form – die jakob-
böhmische Bilder-Philosophie[19] , worin wie in den gotischen Kir-
chen durch Übermalen der Fensterscheiben eine erhabene Dunkelheit entstehen soll – die mehr dichterische als philosophische Tole-

---

Fichte auf diesen edeln Philosophen hingewiesen hätte, wär' er ihm nicht erst
später durch Gerstenberg bekannt geworden. – Wen nun Neeb und Jacobis
unübertreffliche 7te Beilage im Spinoza und dessen litterae laureatae an Fichte
nicht von der Wissenschaftslehre, von der chirographischen Philosophie zur
hypothekarischen treiben: der verdient – wenn er sie nicht erfunden – nur dann
Entschuldigung, wenn er lange über sie gelesen, nicht aber, wenn er nur über sie
gehöret hat.

[19] Z. B. in den Werken der Herren Schlegel, deren partiale Verfinsterung mehr
aus dem eingemischten Leibgeberianismus entspringt und weniger aus der
chemisch-metaphysisch-metaphorischen Sprache, die ihren Gegnern vielmehr
zeigen kann, wie wenig ihre Vorliebe für griechische Muster die Anerkennung
und Nachahmung neuerer Muster, eben des obgedachten Schusters, ausschließe.
Überhaupt gehöret gerade das, was man an ihnen loben muß, ihnen selber an,
das Talent der Übersetzung und das verwandte, noch seltnere der Kritik, welche
trotz einiger griechischer Vorliebe doch liberaler, umfassender und über die
französische Geschmacks-Mikrologie erhabner ist als die meisten akademischen.
Hingegen was man an ihnen rügt, ist, wenn man ihre zynische Härte ausnimmt,
meist fremdes Gut, nämlich ihre philosophischen und ästhetischen Entdeckun-
gen; und sie könnten manchen Widersacher beschämen, wenn sie einmal ganz
leicht vorzählten und es nachwiesen, wie wenig – ihre Freunde werden gar
sagen: nichts – von jenen (z. B. der so angefochtene Satz der drei Säkulums-
Tendenzen) ihnen zugeschrieben werden könne und wie sehr sie bloß das treu
wiederholet haben, was Kant, Fichte, Goethe längst gesagt.

ranz für jeden Wahn, besonders für jeden abergläubigen der Vor-
zeit, ja das dichterisch spielende Glauben an ihn und oft an die
Wahrheit, um das ernste an diese zu umgehen – der malerische
Standpunkt für alle Religionen[20] , wie ihn der Dichter für die my-
thologische hat und der Maler für die katholische – die stofflose
formale Moral, welche der Sonne einiger ältern Astronomen gleicht,
die bloß mit ihren *Strahlen*, ohne wechselseitige *Anziehungskräfte* die
Erden um sich lenken soll – und der moralische Egoismus, der sich
mit dem transzendenten mehr verschwägert, als der edle Fichte
errät, da jener wie dieser nicht weiter zählt als bis eins, höchstens
bis zur Dyadik, nämlich zum Sich und Nicht-Sich oder dem Teufel –
– – was sagen alle diese Zeichen uns an, als daß der Schnee auf so
vielen und so hohen Bergen (denn die 12 Jünger des neuesten Idealismus sind keine 72 kantischen, sondern vortreffliche Köpfe, wie
überhaupt dieses System, wenigstens in diesem Jahrhundert,
schwer nachzubeten ist) jetzo schmelze und daß die Waldwasser
herabrinnen zu einer weiten, alles ins Schwanken bringenden Sünd-
flut? –

Wahrlich wenn man bei solchen Gefällen dieser Gewässer nur ein
wenig berechnet, welche ungeheuren Zuschüsse und alles erfassen-
de Strom-Arme dieses System durch die unabsehlichen Kombinati-
onen der Chemie, Physik, Ästhetik, Moral und Metaphysik, des
Brownianismus und Galvanismus und der Metaphern gewinnen
müsse[21] : der kann sich, wenn er ein Neptunist ist, nur trösten
durch das Schicksal ähnlicher Fluten, die am Ende doch versiegten
und nichts zurückließen als eine neue keimende Welt.

Auf die Zeit, auf ein ewiges Ich in uns, auf ein ewiges Du über
uns müssen wir hoffen. – Lieber machen wir abgesprungne Erden-
Splitter der unendlichen Sonne den Wahn der ältern Astronomen
wahr. Wie diese den blauen Himmel für ein Kristall-Gewölbe hielten und die Sonne für eine rückende Öffnung daran, durch die der

---

[20] Ich meine die sonst vortrefflichen »Reden über die Religion für gebildete
Verächter derselben«. Er gibt dem Worte Religion eine neue, unbestimmte,
poetische Bedeutung, der doch ohne sein Wissen die alte theologische zum
Grunde liegt, weil jedes Ganze und also auch das Universum nur durch einen
Geist ein Ganzes ist für einen Geist.

[21] Ohne durch alle diese Zusammentreffungen etwas anders zu beweisen als
einen Irrtum, wie ich in meinem Brief an Hans Paul gezeiget habe.

Feuerhimmel lodere: so sei uns die Vernunft oder das lichte Ich keine selbstschaffende ziehende Sonne, sondern nur eine lichte Ritze und Fuge am irdischen Klostergewölbe, durch welche der ferne ausgebreitete Feuerhimmel in einem sanften und vollendeten Kreise bricht und brennt. –

Clavis

§ 1

Was ist Wahrheit? Diese Frage warf ich im Klosterhof, nicht in der Klosterbibliothek zu Prag auf, als ich da im Passionsspiele den Pontius Pilatus machte; es verdroß mich aber den andern Tag, daß ich (meiner Rolle gemäß) fortgegangen war, ohne anzuhören, was der Prager darauf versetzte, den ich geißeln und kreuzigen ließ. Jetzt lass' ich den Prager Prager sein. Denn da ich nach meiner Wissenschaftslehre doch nichts von ihm erfahren kann als meine eignen Diktata; und da ich der Pilatus und der Gekreuzigte zugleich bin ( ), ja sogar der Vater des Letztern ( ), nämlich die unbedingte und unendliche Realität selber: so enthalt' ich als Unendlicher alle Wahrheiten in mir, und vor dem Enthalten mach' ich sie erst[22] . Die Wissenschaftslehre beweiset, daß ich das könne; und wenn ichs kann, so kann ich die Wissenschaftslehre selber setzen und machen, welches ein reinvollendeter Zirkel ist.

§ 2

Zirkel. Alle Zirkelschmiede und Sphärometer, nämlich die Philosophen, beschreiben in ihren obersten Grundsätzen stets einen Zirkel; ihre Systeme zeichne ich gern wie die Architekten in ihren Baurissen die Abtritte, nämlich als einen Kreis mit einem Zäpfchen. Dieses Zäpfchen ist am Zirkel der Wissenschaftslehre die praktische Vernunft[23] . Jede hat ihr Zäpfchen als *Handhabe.*

§ 3

Ich, absolutes, reines. Siehe .

Immanentes Noumenon. S. .

Causa sui, absolute Freiheit, unbedingte Realität. S. .

---

[22] Nach den Kartesianern stand es bei Gott, wie viel 2 mal 3 machen sollte etc. Leibn. Theodiz. II. § 186.

[23] S. Grundlage der gesamten Wissenschaftslehre. 1794. S. 95. 96.

Aseitas. Diese und absolutes oder reines Ich ( ) und unbedingte Realität ( ) und immanentes Noumenon ( ) sind Synonymen der Gottheit. Der Himmel – welches ich bin – gebe, daß ich faßlich werde. Die Vernunft fodert ein unbedingtes Sein, eine sich selber setzende, d. h. unendliche Realität, deren Produkt jede endliche ist. Die Landpfarrer nennen dieses ens reale ganz recht Gott den Vater und fehlen nur im Ort. Die Vernunft kann als unbedingt die absolute Realität – ihre Tochter – doch nirgends suchen als bei und in der Mutter, d. h. in sich, im reinen, unbedingt kausierenden Ich[24] . Setzet man das Kind außerhalb derselben, so macht man es zur Mutter seiner Mutter; und man verpflanzet und verteilet die Form und die Materie des Erkennens in zwei abgesonderte Wesen, welches absurd.

Empirisches Ich, Ich schlechtweg, intelligentes, bewußtes Ich, Subjekt. Das unendliche (reine) Ich ist als solches kein endliches, also kein bestimmtes, also noch kein Etwas, nichts Existierendes. Um nun doch ein Etwas zu sein, darf es nicht es selber bleiben. Aber da alles Sein vom reinen Ich entspringt, mithin auch das »Nicht es selber sein«: so muß es sich selber als solches entgegensetzen aus absoluter Kausalität; dadurch wird es bestimmt (beschränkt) und erscheint als endliches, wirkliches Ich und stellt sich *etwas vor.*

Objekt, Nicht-Ich, Ausdehnung. Vorstellen setzt ein Vorgestelltes nicht voraus, sondern zugleich, das (empirische) Ich ein Nicht-Ich oder Du, das Sub- ein Objekt. Dieses Vorgestellte nennen nun die Beichtkinder der gedachten Landpfarrer die Erde, die Welt, die Schöpfung; die Kantianer nennen es die Erscheinungen.

Idealismus. Dergleichen ist, scharf gesprochen, der Ficht- oder Leibgeberianismus nicht. Aber den Leibnizianern, den Kantianern und den Influxionisten geb' ich ihn keck schuld.

Die erstern machen durch die Harmonia praestabilita die Monade zum Spiegel eines Universums, das aus Spiegeln besteht; die isolierte eingesperrte Monade entwickelt ganz aus sich das Nicht-Ich, das außer ihr als solches nicht existiert, sondern wieder als ein Ich.

---

[24] S. den ganzen dritten Teil der Grundlage d. g. Wissenschaftslehre und vorher den 1. u. 2ten – Und Neeb etc. S. 76 etc. 88 etc.

Die Kantianer tragen den Raum oder Behälter in sich und mithin, was darin liegt, sämtliche Natur; alles, was wir von dieser haben und wissen, wird in der Produktenkarte oder Bruttafel ihrer Kategorientafel ein einheimisches Gewächs unsers Ichs: wozu nun noch die ganz müßige unsichtbare Phönixasche der Dinge an sich? –

Endlich werf' ich sogar den Influxionisten und Realisten kühn genug vor, daß sie keine sind. Denn da sie und uns Erklärer alle weniger der Grund des *Seins* der Welt – der gar nicht zu vermitteln ist – als der Grund ihrer *Ordnung* drückt, und da sie diese als die Absicht und Ursache früher setzen müssen als das Gewirkte: so schieben sie *den Idealismus nur ins Unendliche hinaus und in den Unendlichen hinein.*

Fichte nennt zwar das Realisieren des Nicht-Ichs einen materialen Spinozismus[25] ; mithin wäre sein Idealisieren desselben der ideale – und daher nennt Jacobi unsere Wissenschaftslehre eine *Umkehrung* desselben, wiewohl man sie ebensogut dessen *Metastase* heißen könnte –; aber man werde doch nicht irre. Nicht-Ich und Ich oder Objekt und Subjekt sind Wechselbegriffe, beide sind die *gleichzeitigen Zwillinge* der Aseität, die *Selbst*- und *Mit*lauter[26] in der absoluten Luft[27] oder Ichheit.

Folglich existiert mein Geist (Subjekt), den mein reines Ich geschaffen, nicht mehr oder anders als die Welt, die ich, damit er etwas anzusehen habe, dazu gemacht, und jener und diese überleben einander keine Minute. Daher hat Fichte mit gutem Vorbedachte die leere Deklamation über seine lange Dauer[28] nur als Appellant ans Volk gemacht. Denn er (absolut gedacht) hat zwar Himmel und Erde und alles geschaffen, aber auch Fichten als Beschauer, und mit jenen verginge also dieser; was übrigbleibt, ist sein reines Ich, bei dem ja aber, wie er aus der von mir oder ihm erfundenen Wissenschaftslehre recht gut weiß, weder von Dauer noch Sein die Rede sein kann, so wenig als von Breite oder Schwere.

---

[25] Grundlage d. g. W. S. 94 – und S. 47.

[26] Denn jeder Vokal setzt auch einen Konsonanten wie dieser jenen voraus, der Ton irgendein Verhältnis der Zunge, Lippe etc.

[27] Anaximenes hielt die Luft für die Gottheit. Cic. de N. D. I. 10.

[28] Die Stelle in der Appellation, wo er sagt, das Ich überdauere Milchstraßen etc.

§ 10

Höchste Höhe der Reflexion. Auf dieser glaub' ich die Füße zu haben; was unten am Fuße meines Piko steht, ist mir nicht einmal verächtlich und klein, sondern gänzlich unsichtbar.

Mein absolutes Ich, »das sich selber schlechthin gleich ist, und in welchem alles ein und dasselbe Ich ist, und worin nichts zu unterscheiden ist, denn es ist alles und nichts, weil *es für sich* nichts ist«[29] – dieses Ich, das Robinet[30] unter dem Namen Gott ziemlich rein beschreibt, nämlich ohne Verstand, Vernunft, Wille, Bewußtsein, schafft sich erstlich zu einem empirischen um, das alles dergleichen hat – es selber bleibt doch, was es ist, denn als Leibgeber bin ich endlich, und nur als Schöpfer dieses Leibgebers bin ich unendlich – und zweitens zur ausgedehnten Welt..... Hier wird nun die Höhe so schwindelnd und dünnluftig, daß keine Begriffe[31] mehr zu- und nachreichen, sondern wir müssen mit und an der bloßen Sprache ohne jene weiter hinauf zu kommen suchen. Wer nun mit mir der bloßen, von Begriff und Anschauung freien Sprache mächtig ist, der kläret sich dadurch zwei Ewigkeiten auf, die eine, welche das absolute Ich zubringt durch Werden oder unbestimmtes Handeln ohne Sein und die zweite, die es gleichzeitig, aber durch Sein[32], obwohl

---

[29] Wissenschaftslehre S. 251.

[30] De la Nature. T. II.

[31] Denn vom Schaffen haben wir als Geschaffne kein Anschauung, und als Schöpfer kein Bewußtsein. Das Ich als unendlich kennt sich nicht, als endlich ist es wieder nicht geräumig genug für eine Anschauung des Unendlichen, ohne das doch wieder keine Endlichkeit denkbar ist. Hier hilft bloße reine Sprache weiter als alles, was man dabei denken wollte.

[32] Damit löset man wieder eine scholastische Frage auf, die: an creatio sit res creata, vel increata; offenbar increata. Denn das Setzen ist so ewig als das Setzende, die Wirkung so alt als die Ursache, die Endlichkeit als die Unendlichkeit, der Sohn Gottes ist von Ewigkeit, denn jede Sache ist sich selber gleich. (S. Jacobis Spinoza, zweite Auflage S.27.) – Beiläufig! Ich finde die so verkannte scholastische Philosophie der jetzigen und meinigen so ähnlich, daß ich wünschte, es schriebe einer ein liber conformitatum beider. Z. B. man sehe in des Cramers fünften Fortsetzung des Bossuets den (sehr schwachen) Abriß der Scholastik. Z. B. wenn Alanus S.456 sagt, Gott der Vater (das reine Ich) habe in die Substanz die Materie (das Nicht-Ich) gebracht, der Sohn (das empirische) die Form (die Anschauungs- und Denkformen) und der heilige Geist (die moralische Weltordnung) die Verknüpfung: so seh' ich, daß der Mann schon dachte, eh' ichs tat.

endlich führt. Und ohne diese Sprache der höchsten Reflexion ist auch das Setzen eines Nicht-Ichs und Ichs oder das eigenhändige Einschränken des absoluten um nichts begreiflicher als die so oft getadelte Schöpfung aus nichts. Diese absolute Freiheit, die sich selber einen Widerstand (die sinnliche Welt) erschafft, weniger um zu handeln (denn das Erschaffen ist auch Handeln) als um gegen den Widerstand zu handeln, weil jedes Handeln, ausgenommen das schaffende, einen Widerstand voraussetzt, liegt nicht mehr in unserem Denk-, sondern bloß in unserem Sprachvermögen.

§ 11

Vernunft. Diese kennt keine Geschöpfe als ihre; ihr *Sehen ist* nicht bloß ihr *Licht* – wie die Platoniker schon vom körperlichen Auge behaupteten, daß es alles durch sein Ausstrahlen sehe, und die Stoiker, daß es dadurch die Finsternis[33] erblicke – – sondern auch ihr *Objekt*; so daß ihr Auge, indem sie es zum transzendenten Himmel aufhebt, sofort daran steht als Gott oder Stern, wie der Sextant des Tycho de Brahe von Hevel an den andern kam als Sternbild neben den großen Löwen.

Ebenso lese man p.364 die jetzt nachgebeteten Einwürfe Gaunilons gegen Anselmus' Beweis vom Dasein Gottes. – Den logischen Enthusiasmus find' ich bei diesen logischen Gladiatoren reiner (sie hatten gar keinen weiter, S.498 etc.) als selber bei uns.

[33] Beides steht in Fr. Pici Mirand. Exam. doctr. vanit. gent. I.

§ 12

Leibgeber. »Es frappiert mich selber,« (sagt' ich, als ich mein System während eines Fußbades flüchtig überblickte, und sah bedeutend auf die Fußzehen, deren Nägel man mir beschnitt) »daß ich das All und Universum bin; mehr kann man nicht werden in der Welt als die Welt selber ( ) und Gott ( ) und die Geisterwelt ( ) dazu. Nur so lange Zeit (die wieder mein Werk ist) hätt' ich nicht versitzen sollen, ohne daraufzukommen, nach 10 Visthnus-Verwandlungen, daß ich die natura naturans und der Demiurgos und der Bewindheber des Universums bin. Mir ist jetzt wie jenem Bettler, der, aus dem Schlaftrunk erwachend, sich auf einmal als König findet. Welch ein Wesen, das, sich ausgenommen (denn es *wird* nur, und *ist* nie), alles macht, mein absolutes, alles gebärendes, fehlendes, lammendes, heckendes, brechendes, werfendes, setzendes Ich[34] !« –

Hier konnt' ich nicht länger mit den Füßen im Wasser bleiben, sondern ging barfuß und tropfend auf und ab: »Überschlage doch einmal«, sagt' ich, »in Pausch und Bogen deine Schöpfungen – den Raum – die Zeit (jetzt bis ins achtzehnte Jahrhundert herein) – was in beiden ist – die Welten – was auf diesen ist – die drei Reiche der Natur – die lumpigen königlichen Reiche – das der Wahrheiten – das der kritischen Schule – und sämtliche Bibliotheken!« – Und mithin auch die paar Bände, die Fichte geschrieben, weil ich ihn erst setzen oder machen muß, eh' er eintunken kann – denn es kommt auf meine moralische Politesse an, ob ich ihn leben lassen will – und zweitens weil wir beide, wenn ich mich auch dazu verstehe, als Anti-Influxionisten doch nie unsere Ichs behorchen können, sondern jeder selber das erfinden muß, was er vom andern lieset, er meinen Clavis, ich seine Drucksachen. Daher nenn' ich die Wissenschaftslehre keck mein Werk und den Leibgeberianismus, *gesetzt* auch, Fichte wäre und hegte ähnliche Gedanken; er würde hier nur der Newton mit seinen Fluxionen sein und ich der Leibniz mit der Differentialrechnung, zwei ähnliche große Männer! So gibt es auch ebenso viele philosophische Messiasse (Kant und Fichte); und eben-

---

[34] Die drei letzten Partizipien sind aus der Jägerei.

so viele jüdische, wovon der erste der Sohn Josephs, der andere der Sohn Davids sein soll.

§ 13

Vielgötterei oder Viel-Icherei. Andere Götter oder Ichs neben mir zu haben, verbietet der mosaische Dekalogus ebenso scharf, als es der fichtische gebietet. Der Verfasser dieses Clavis muß es allen, die ihn lesen und rezensieren, rund heraus bekennen, daß er, als streng-konsequenter *Theoretiker*, unmöglich mehrere Wesen glauben kann als sein eignes, weil durch dasselbe alles hinlänglich erklärt und produziert und integriert wird, worüber man fragte und focht, das Dasein des vorgestellten ( ) und des vorstellenden ( ) Universums und das Handeln des reinen Ichs oder der Gottheit. Ohne Not werden sonst die Wesen – und noch dazu die unendlichen – vervielfacht, da an *einem* Schöpfer und Primas aller Dinge genug sein kann. Millionen, Trillionen absolute Ichs[35] , primae causae, causae sui aliorumque, unbedingte Reali- und Aseitäten oder Gottheiten – z. B. Weimeraner, Franzosen, Russen, Leipziger, Pestitzer, Irokesen, Menschen aus allen Ländern und Zeiten – diese höchste Wesen kommen alle und wachsen unaufhörlich nach und bringen ihre eignen Universa mit (die ich noch dazu für vidimierte Kopien des meinigen kaufen soll); aber wozu und mit welchem Recht und unter welchen Grenzen ihrer Volksmenge und Mitbelehnschaft? frag' ich, als scharfer Unitarier und Singularis. – Ich bitte, find' ich besagte Ichs anderswo als in der von mir gesetzten natura naturata, in meinem breiten Nicht-Ich als eingewürkte Figuren dieser unendlichen Hautelisse-Tapete, als Einschränkungen und Bestimmungen meines Noumenons, aber keines selber? – Und geb' ichs zu, so können sie, diese meine eignen Emanationen und Drillings- oder vielmehr Sextillionen-Geburten, mich, wenn sie wollen, zu ihrem Fechser und Derivativum und Adjektivum herabsetzen, zum Stiftchen in der Musaik ihres Nicht-Ichs. Und die alte Frage Augustins, ob der Sohn auch Gott den Vater zeugen können[36] , würde repetiert und bejaht. –

---

[35] Das Absolute schließet zwar Zahl, also Mehrheit, aber auch eben darum Einheit aus.

[36] de trinit., woraus es Pet. Lombard. Lib. II. distinct. 6. anführt.

Hierauf versetzet mir nun Fichte, sooft ich persönlich ihm dartue, er könne nicht sein – nach reiner Vernunft –, allzeit das, was er in seiner Sittenlehre[37] und überall drucken lassen: er müsse nämlich durchaus fremde Ichs, obwohl nur heraldische Figuren im gemalten Nicht-Ich, doch davon ablösen und belebt und beleibt heraustreten heißen, bloß um nur jemand zu haben, mit dem ein moralischer Umgang zu pflegen wäre. Gerade wie der Kantianer Gott und Unsterblichkeit, so postuliert Fichtes Ich Ichs.

Ich bitte ihn, sich zu erinnern, was ich mit der Pfeife im Munde ihm sagte, als wir in Jena zusammen die Stube auf- und abgingen, und dann selber zu entscheiden, ob er sei.

Erstlich das, was in der Note steht.

Zweitens: das moralische Gesetz als dieses setzt nichts außer sich voraus, keine Existenz; so wenig einen Gott als Gegenstand wie einen Gott als Gesetzgeber. Das reine Ich kann gegen kein reines handeln (beide haben kein Da- und Bewußtsein) und ebensowenig gegen ein empirisches oder als ein empirisches; so wenig wie eine Modifikation gegen eine Modifikation eine Pflicht hat – daher findet auch Fichte im sittlichen *Sollen* den Exponenten des transzendenten *Werdens* –. Der Bastillenklausner, der insularische Robinson, diese können sich ebenso viele moralische Reichtümer sammlen als irgendein Generalissimus an der Spitze eines Säkulums; ja der Gott der Kantianer war ja in der leeren Ewigkeit a parte ante heilig ohne irgend etwas anders als sich.

Fichte antwortet mir allemal darauf, das alles wiss' er vielleicht noch etwas besser als ich selber.

---

[37] Da heißet es noch S.214: »Ohne was es überhaupt keine Pflicht geben könnte, ist absolut wahr; und es ist Pflicht, dasselbe für wahr zu halten.« Die erste Hälfte des Perioden ist ein Zirkel und überhaupt eine Frage wie die: wie – wenn gerade die entgegengesetzte Moral moralisch wäre? Die zweite kann – da doch niemand Gewissensbisse wegen Meinungen hat – nichts heißen als: in einem solchen Falle ist es Pflicht 1) zu untersuchen – 2) zu handeln, als sei es wahr – 3) zu wollen, es sei wahr – und 4) in der Not lieber der Vernunft als der Selbstachtung zu widersprechen, lieber ein Skeptiker als Bösewicht zu sein. Denn Wollen und Glauben sind inkommensurable Größen, und zwischen beiden als solchen ist ein Übergang noch schwerer, als Lessing den von historischen Wahrheiten zu notwendigen fand.

Drittens: postuliert er einmal die Realität der intramundanen oder fremden Ichs und will er sie also auch so extramundan wie sein eignes haben: so muß er auch die daran klebende Realität der Sinnenwelt, worin nur gegen jene zu handeln ist, moralisch sich gefallen lassen; und dann ist uns Fichtisten allen der alte graue Schneeklumpe des Realismus, den wir vorher mit so vieler Hitze und Dinte zerlassen haben, wieder vor die Tür gesetzt; und unser systematisches Elend ist nicht zu übersehen. Um nun nicht in jenen Schneeklumpen zu treten, greift Fichte nach folgendem Springstock:

Ich, Leibgeber, kann z. B. mehr als 70 K (etwan Kantianer und Anti-Leibgeberisten) vom Hungertode (etwan als Buchhändler oder als vozierender Fürst) erretten, mithin soll ichs; d. i. (nimmt er an) ich träume[38] , daß die 70 Ks nichts im Magen haben als Magensaft; diese träumen glücklicherweise dasselbe, bloß damit wir sämtlich ein Religionsexerzitium der Moral, einige aszetische und kanonische Horen erhalten. *Will* ich nun den 70 Schelmen etwas zuwenden: so träumt mir das wirkliche Zuwenden, und ihnen das Empfangen; in der Tat aber haben wir alle, festgeschnallt auf unsere Betten mit Vulkans Brezeln und Stricken, nichts Reelleres miteinander geteilt als den Traum.

Himmel! drei Tage und Nächte lang wollt' ich gegen diesen Satz im Felde stehen. Primo (man soll es nicht mit dem erstern Erstlich oben verwirren), wie soll denn L (ich), der außer aller objektiven Konnexion mit den 70 Jüngern lebt, je ausmitteln und erfragen, ob er und sie insgesamt in Zeit und Raum und Traum zusammentreffen? Tu' ich nicht einen moralischen *Frei*-Schuß, wie sonst die Jäger, zum jensensischen Fenster hinaus und bin mir eines erlegten Rehbockes im Harzwald gewärtig? Denn kein Mensch kann mir ja dafür haften, daß ich nicht meinen Traum des Fütterns und Hungerns im 18ten Säkul und hienieden habe, die 70 *Dolmetscher* aber ihren Hunger und meine Mildtätigkeit im 1sten oder 30ten Säkul und auf dem Hundsstern träumen.

---

[38] Nur für unbeholfene Leser erinner' ich an die Fichtische (am Ende Leibnizische und Kantische) Vorstellung ganz popular, daß es so viele Universa gibt als Ichs; daß keiner aus dieser seiner unmittelbar, nicht mittelbar geschaffnen Traumwelt hinauskann in die des andern und daß diese Welten gerade die prästabilierte Harmonie oder Ähnlichkeit untereinander haben, als wäre nur eine und wir alle darin. A. d. H.

Gesetzt, ich setze mich hin und postuliere moralisch von neuem etwas dazu, nämlich das Simultaneum der Träumer und Träume: so werd' ich nur leider um mich keine Exekutions-Macht ansichtig, welche außerhalb und zwischen uns Götter-Ichs und Venerabiles als Kreisausschreibender Direktor träte und für einen Parallelismus und ein sensorium commune der Träume nur in etwas sorgte; – ich sehe und höre niemand[39] .

Secundo. Angenommen, wir würden mit einem Simultaneum von unbekannter Hand beschenkt: so können wir wenig damit machen. Ringsum bin ich mit meinem Nicht-Ich umgeben, in das auch das tote Wachsfigurenkabinett menschlicher Gestalten eingebauet ist. Diese Wachsfiguren und Ahnenbilder könnt' ich eigentlich zerdrücken und zerreißen wie andere Charaktermasken (denn sie sind lediglich mein Produkt und ohne alle absolute Freiheit und Ichheit). Das fremde entsprechende absolute Ich hat nichts mit dieser Figur zu tun; es setzt sich schon eine (ähnliche) im eignen Nicht-Ich. Daher nach diesem System von jedem Ich so viele Leiber außer dem eignen herumlaufen, als es fremde begegnende und sogleich setzende Ichs gibt. Dennoch soll ich, da durch keine Konsekration[40] ein Gott in diese Statuen zu bringen ist, bloß ein Vergehen an diesen Statuen, wie eines an den römisch-kaiserlichen[41] , für ein Majestätsverbrechen halten; ich soll wie Hexen durch das Bild das ferne Original zu treffen, wie Katholiken durch das Heiligenbild den Heiligen und Gott zu ehren suchen; daher Bellarmin[42] wirklich sagt, in den Bildern sei schon für sich etwas Göttliches ohne Rücksicht auf das Original. – Das soll ich? –

O Himmel, wozu das? Dem Original selber (wenn es existiert) bring' ich damit keinen Heller ein – seinen Wert und Himmel muß

---

[39] Denn die sogenannte moralische Weltordnung Fichtes kann wohl eine optimistische Harmonie zwischen meinem Ich und Nicht-Ich einführen, aber nie zwischen ihm und fremden Ichs und Nicht-Ichs und deren moralischen Weltordnungen.

[40] Durch diese fuhr erst der Gott in die Statuen; dagegen macht Arnobius adv. gentes gerade die Einwendungen (da 1 Gott in mehreren Statuen wohnen müßte), die der Protestant gegen die Wirkung einer ähnlichen Konsekration in den Hostien macht.

[41] Tac. Ann. I. 73. 74. Sueton. Tiber. 58 und überall.

[42] de imag. Sanct. II. 21.

es aus sich selber spinnen –; es wird mir auch nicht zugemutet; bloß ein übender Gliedermann meiner Moralität, ein Mit-Akteur soll der fremde Schau-Mensch vor mir sein, den ich auf der Bühne beschenke und liebe, ohne daß er etwas davon hat, nur die dramatische Kunst der Tugend soll dabei profitieren; meine absolute Freiheit oder Ichheit macht sich vorher, um zu handeln und zu reagieren, diesen Widerstand (das Nicht-Ich); sie gleicht dem Vater des Sobouroff, der sich selber Geld borgte, sich Wechsel ausstellte, sie oft protestierte und sich nach dem Wechselrechte strenge genug behandelte; bloß zu ihrer Verherrlichung tut die absolute Ichheit alles. Aber Gottes Wollen ist Tun, sag' ich dann mit den Theologen; dei (i.e. aseitatis vel ameitatis) benedicere est benefacere; kurz das innere Handeln macht alles aus, und das äußere ist nur ein scheinbar äußeres.

Ja da das fremde Ich, wie ein schlechter Akteur, auf der Bühne entweder nur eine *Statue* (Leib) oder einen *Geist* (reine Ich) spielt, nie beide in *einer* Person: so könnt' ich die Statue, deren Pygmalion ich bin, ebensogut zerschlagen als beseelen, sobald ich mir nur recht evident, recht anschaulich zu machen wüßte, daß ich ihr Steinmetz bin; ich kanns aber nicht, und ich will auch die Bildsäulen, die mir begegnen, nicht verstümmeln, sondern ergänzen.

Ich leugne nicht, ich komme mir seit meiner Leibgeberei, sooft ich edle oder große Aufopferungen für andere mit vielen äußerlichen Anstalten mache – was doch kürzer abzutun wäre, da bloß mein Ich moralisch voltigieren soll –, fast wie jener Handelsmann im Montaigne vor, der, um ein Lavement zu nehmen, die Werkzeuge und alle Ingredienzien auf den Tisch vor sich hinlegen ließ und alles dann ein wenig besah, worauf sogleich, ohne daß man ihm das Klistier wirklich setzte, die Sedes kamen, die nur einmal ausblieben, als gerade die Frau aus Geiz wohlfeilere Spezies aufgetragen hatte.

Viertens. Mit welchem Rechte setz' ich notwendig fremde Unmo-
ralität? Nach welcher Allwissenheit des Unbedingten außer mir
kann meine absolute Freiheit den unmoralischen Gebrauch einer
fremden absoluten nicht bloß erraten, sondern so gewiß als den
eignen setzen, so daß sie moralisch darnach handelt[43] ?

Nimmt man aber keine fremden Sünder an: so sind die optischen
nur moralische Voltigierpferde meiner Übung; doch haperts auch
da. Wahrlich das Buchstabieren, dem Heinecke alles Elend zu-
schrieb, besonders die Unfähigkeit zu lesen, kann nicht schlimmer
sein als das Philosophieren, dieses transzendente Buchstabieren,
das auch das Lesen im Buch der Natur erschwert.

Fünftens wird mir bei der auffallenden Mehrheit der Welten nicht
sowohl als gar der Universa fatal zumute. Denn jeder Hofpauker,
jeder Livreeschneider und Pescheräh, kurz 1000 Millionen hiesiger
Menschen treten als lebendige Demantgruben des Sternenhimmels,
als Silber-, Arsenik- und Welten-Hütten daher, und jeder trägt seinen geschaffnen Himmel und seine Erde mit Tieren und allem,
seinen für ihn spielenden Welt-Guckkasten auf dem Magen vor sich
hin. Indem ich ein neues Stück Nicht-Ich setze und schaffe – d. h.
reise –, trifft sich zu gleicher Zeit, daß ich eine verhältnismäßige
Menge neuer Aseitäten oder Ameitäten finde; 6171 Götter oder
Porte-de-dieus[44] konnt' ich Anno 1788 in Weimar und 4344 dergleichen in Jena (ohne die Studenten und Handwerkspursche) setzen.

---

[43] Mit dieser einzigen Frage zertrümmert Leibgeber seinen und jeden Idealismus. Denn die Gewißheit fremder Moralität und Immoralität ist nur eine sinnliche – durch lauter sinnliche Media –, und doch ist die sinnliche so groß wie die
moralische, weil diese kategorische Befehle auf jene gründet. Sagen, wie einige
Fichtisten, ich merke schon aus den Handlungen die Nähe eines freien Wesens,
heißet nichts; denn daß ich, nicht was ich merke (in Träumen und Fiebern
kommt das Was auch vor, aber ohne das Daß), ist die Frage und der Punkt. Diese
sinnliche Evidenz ist nun dieselbe, ob ich moralische oder leblose Wesen sehe, ob
ich eine Sprachmaschine oder einen Menschen höre. Kurz die praktische Vernunft setzt mit keiner größern oder andern Gewißheit das Dasein fremder Ichs
als das Dasein des eignen und fremden Körpers und also der Sinnenwelt voraus,
weil ich mit dem eignen Körper und mit fremdem Eigentum ja in lauter moralischen Beziehungen stehe; und kann sie handeln, wenn die Letztern nur ein
subjektives Dasein für uns haben, so kann sie es auch bei den erstern.   A. d. H.
[44] So heißet der dürftige Priester, der in Paris die göttliche Hostie zum Kranken
trägt. A. d. H.

Nach welcher transzendentalen Regel entsteht und wächst denn diese Götter-Volksmenge? – Wär' es nicht schöner gedacht, wenn man, wie die alten Theologen, ein einziges absolutes Ich und göttliches Wesen (und damit nur *eine* Schöpfung) annähme, dazu aber gleich ein Subjekt vozierte, das Verstand und Kraft genug hätte, diesen höchsten Posten zu versehen? Und dann kann die Vokation nur dem einzigen Wesen gegeben werden, von dessen Existenz man gewiß ist; und das ist niemand als ich selber.

Endlich tritt sogar der Viehstand auf meine Seite, der sonst durch Fichte ein wahres Bochartisches Hierozoikon würde. Denn ich muß die Tiere als empfindende und mithin als moralische Gegenstände[45] auch objektiv postulieren – das ist leicht geschrieben, aber welche Schlußfolgen! Halbgötter werden sie dann alle – die Ägypter sind mit ihrem Tierdienste mehr gerettet, als ich je willens war – jede Bestie setzt und schafft ein metamorphotisches Stück Welt, die Schoßkatze ist die Mutter ihrer Göttin und Herrin – das Pferd setzt den Reiter, der Hase den Junker – die Maus, welche in Deggendorf die göttliche Hostie fraß, ist selber ebenso göttlich als ihr Fraß, und von ihr und von dem Meßpriester wird die Hostie nur gesetzt – dann gehts in diesem Pantheon (ich rede vom Naturalienkabinett und Tiergarten) immer tiefer herab zu dem Vieh, das nur in Epopöen genannt werden darf (von Homer und Peter Pindar) – und die spielende Ephemere setzt 2 Stunden lang, erstlich die untergehende Sonne und dann ihr Weibchen – und dann kommt der Darmwurm in mir und will auch göttlich setzen..... ( ).

---

[45] Er hat recht. Auch die Tiere können nicht so wie leblose Wesen als bloße Mittel gebraucht werden, an denen wir etwa nur die bloße Brauchbarkeit für vernünftige Zwecke zu schonen hätten. Wenn ich ein lebendiges Pferd aus Spaß zersteche und verstümmle: so fühl' ich, daß ich dem Gegenstande selber unrecht tue; zerschneid' ich ein Pferd von Wouwerman, so fühl' ich, daß ich höchstens einem andern Wesen als dem Gegenstande unrecht tue. Aus der kritischen Behauptung, die sie zu Mitteln herabsetzt, würde folgen, daß ich mit größerem Unrecht aus einem ausgestopften seltenen Elefanten in Europa als aus dem häufigern Original in Asien Scheiben ausschneiden würde; und zwei kallöse Kritiker und Anthropoliten, mit denen ich focht, sagten auch keck, sie ließen es folgen. A. d. H.

Das hole der Teufel! So würde das beste System von der Welt dumm und toll; und echte Konsequenz schaffte mehrere und plattere Götter und Laren als der Papst selber.

Im Artikel *Fetischerei*[46] hab' ich eine Probe gegeben, wie komisch ich sonst die Welt ansah, als ich noch wie Fichte andere Götter neben mir hatte und setzte.

Nach solchen Beweisen erwart' ich gelassen die Spaltungen der Leibgeberischen Schule, und ich verhoffe wenigstens einige Leibgeberisten zum Nachdenken und Zweifel gebracht zu haben darüber, ob noch etwas anderes existieren könne als ich allein, diese hinlängliche rationale und irrationale Wurzel aller Dinge – das Weberschiff aller Schiffe und Weber – der Perpendikel des Welten-Getriebes – das Herz des Seins – der Bauherr des Weltgebäudes – das Eins und das Alles.

Findet Fichte meine Gründe zureichend – welches herzlich zu wünschen –: so ist er gewiß der Mann, der am ersten bekennt, daß er nicht existiert, gleichgültig gegen den kläglichen Widerspruch, den nur der gesunde Menschenverstand in solchen Sachen finden kann; – oder der wenigstens sagt, daß ich nicht bin, welches ich dann (da mir meine Existenz gewiß genug ist) schon zu meinem Vorteil auf seine Kosten auslegen will.

§ 14

Fetischerei. Sonst war meine Leibgeberei etwas dergleichen; und es ist spaßhaft (aber weiter auch nichts), wie ich früher – als ich noch mit Fichte die ganze Erde zu einem Gottes- oder Götteracker machte – die Leute für mein pantheistisches System zuschnitt. Der mir anhängende Ernst eines Philosophen schien mich da ganz zu verlassen; aber doch nur von außen; innen schnitt ich Gesichter.

Sah' ich z. B. trockne Hungrige, griesgrämische Regierungskanzelisten, Kontoristen, Renteibediente, Kassenschreiber an der Schreib-Galeere mit ihren Kielen rudern, so fragt' ich: »Diese sämtlichen göttlichen Wesen, erprobte Schiffszimmermänner einer so schönen, im Universum ziehenden Welten-Flotte, warum wollen sie nun jetzt

---

[46] Sie folgt im nächsten Paragraph.

(das Universum konservieren sie bloß) nichts mehr machen (und noch dazu so verdrüßlich) als Zahlen, die nach andern Philosophen gerade die Baumaterialien der Welt waren?«

Sah' ich die 12 Reichskammergerichtsboten, so sagt' ich: »Ihr guten 12 Götterboten und Apostel im eigentlichen Sinn, euere Schöpfungen sind, euren Stil ausgenommen, gut genug von den Gestirnen an bis auf eueren Stock herab; aber erschafft nur nicht so viel Zeit in Wetzlar, lieber wollen wir miteinander mehr Beisitzer und Kammerzieler setzen.«

Sah' ich einen Rittergutsbesitzer, so sagt' ich: »Als deus majorum gentium betrachtet, bist du der Vater deines Ururgroßvaters und des ganzen Stammbaums, so wie die produzierende Klasse dein Produkt ist; du darfst stolz sein, aber bloß nach der Wissenschaftslehre ( ).«

Sah' ich einen Fürsten, so mußt' ich sagen: »Schöpfer deines Staats und der andern Staaten, Kolumbus, der sein Amerika schafft und ist, Generalissimus aller Heere, Nutritor aller akademischen Nutritoren! Da dein absolutes Ich die opera omnia des Universums, wie Geßner die seinigen, zugleich macht, druckt, sticht und verkauft; da wir sämtlichen Götter an deinem Staatswagen, wie die griechischen an dem des Gottes der Liebe, als Deichselgäule ziehen: so brich entweder dem unermeßlichen Weltapfel, den deine Hand als ein Ast trägt, das Kreuz weg, oder erschaffe einen Prinz von Wallis oder unendlichen Sohn, der die Welt erlöset und ein Lamm ist und das Kreuz trägt – wie gesagt, alles dreht sich um den Erbprinzen.«

Sah' ich eine Fürstin, so sagt' ich zuweilen nichts, die Weiber waren früher Göttinnen als ich und Fichte Götter; ja sie sind wie die Erde matres deorum, die Gottesgebärerinnen, nämlich unsere.

Sah' ich einen Philosophen aus unserer Schule, so gab ich ihm einen tapfern Schlag auf die Achsel und sagte: »Kneph! lieber Kneph![47] (denn deine wissenschaftslehrende Zunge legt das Ei, das Ich, den hüpfenden Punkt der Welt) du bist zwar allwissend und ein göttlicher Autodidaktos und liesest wenig, weil du nichts darin findest, als was du hineinlegst, du sitzest lieber auf deinem Schreib-

---

[47] Die Ägypter glaubten, Kneph, der Bauherr der Welt, habe aus seinem Mund ein Ei gegeben, worin sie war. Euseb. Praep. evang. III. 11.

stuhl und sagst da mit Vespasian: ut puto deus fio, ja wenn du als Examinandus mehr schwitztest als sprächest, so wär' es nur, weil du dem Examinator, wie uns im Traum begegnet, alles liehest, was du hättest; aber ich bitte dich, warum hast du schon das 20ste Jahrhundert geschaffen und wandelst darin aufgeblasen neben der Nachwelt auf und ab? Das ist zwar rein philosophisch, aber nicht höflich. Schaffe doch mit uns andern höchsten Wesen am 18ten Säkulum fort: sehen wir denn nicht eine ganze Ewigkeit vor uns, Säkula zu machen?«

Sah' ich Galgenstricke in Ordensbändern, Völker-Mörder, Länder-Diebe, Bluttrunkenbolde, zerschneidende eiserne Jungfrauen der keuschen, oder Mädchen-Septembriseurs, so wurd' ich ein Manichäer und Sterkoranist und sagte: »Hier stehen der Ariman und der Orosmudz für *einen* Mann. Fichtes Gott und Erhards Teufel haben da communicatio idiomatum. Die Sache ist kaum zu erklären, gesetzt auch, man habe die Deduktion des uns angebornen Bösen in Fichtes ›System meiner Sittenlehre‹, 1798 bei Gabler, gelesen. Wenn das absolute oder göttliche Ich sündigt und ein teuflisches wird, sobald es zu Verstande und zu einem Nicht-Ich kommt (ein intelligentes wird): was soll man von Verstand, Aufklärung, Schöpfung und dergleichen halten?« –

Sah' ich einen Setzer mit wassersüchtigen Beinen, der meinen Leibgeberianismus setzte, so erlaub' ich mir ein etwas fades Wortspiel und sage: »Warum setzt der kranke Herrgott und Demiurgos bloß das Setzen des Setzens?«

Hätt' ich meine Frau gesehen, so würd' ich das Universum betrachtet und mich als dessen Patrize, sie als die Matrize genommen haben und gesagt: »Ein leidliches Pantheon, worin bloß zwei Götter stehen, der Mars und die Venus[48] , und den Rest repräsentieren.«

Ging ich vor einem Dieb am Galgen vorbei, der hängenden Puppe des ausgeflognen Gottes und Nachtvogels, so mußt' ich berechnen: moralisch konnte man mich nicht mehr zwingen, dieses Nicht-Ichs-Fragment des entwischten Diebesgottes zu postulieren; und doch hing die Ichs-Schwarte noch da. In jedem Fall mußten wir moralischen Wesen insgesamt so viele Exemplare vom gehangnen

---

[48] Nur diese beide standen im römischen.

Leibe setzen und auflegen, als unserer waren; nur die Originalausgabe, der Leib, den die gehangne causa sui setzte, war vergriffen.

Als mich in Rom der Papst mit segnete, so erklärt' ich ihn nicht für den Statthalter Christi, sondern für diesen selber. Denn es war mir leicht, ihn als solchen nach den Merkmalen, die mir die Orthodoxen mitgegeben, zu erkennen: der Papst hatte sein ordentliches absolutes Ich – also die göttliche Natur –, sein empirisches – also die menschliche Seele –, sein Nicht-Ich – also den Körper. – Ein solches Gottmensch ist aber von Petrus und Judas an wohl jeder Kardinal – Fürstbischof – Jesuitengeneral – Konsistorialrat – Pönitenzpfarrer – – wie, bin ich nicht selber ein solcher Knecht aller Knechte?

Kam ich in ein Tollhaus, so verbarg ichs freilich nicht, wie sehr ich mich wunderte, daß dessen Götter und erste Ursachen den Autoren so glichen, deren Werke klüger sind als sie selber, ich meine, daß die Tollen einen so herrlich geordneten Makrokosmus setzten, und doch ihren eignen Mikrokosmus verhunzten: »Warum ist der Gott«, sagt' ich, »wieder so auffallend parteiisch *für* das Objekt und *wider* das Subjekt?«

Sah' ich meinen ältesten Freund, so sagt' ich nichts als: »Ich = Ich.«

Sah' ich Fichte – da ich der Kastor war und er der Pollux und da wir beide nur durch eine alternierende Unsterblichkeit von Setzen bestanden, so pflegt' ich weiter nichts zu äußern als: »Soyons amis, Auguste!« –

§ 15

Die Leiden eines Gottes im Gethsemane-Garten. Davon weiß ich Theopaschist und Patripassianer ein Passionslied zu singen. Die Scholastiker warfen die kritische Frage auf, ob Gott nolens oder ob er volens[49] Gott sei. Ich kann aus Erfahrung reden und sage: nolens volens. Wer einer ist, wird mit mir eingestehen, daß es sogar ein bloßer Fürste besser habe. Man höre hierüber meine 4 Maestosos! – Mein erstes Maestoso ist: ich sitze – absolut betrachtet – seit den ewigen Zeiten da, die ich schaffe, blind, ohne Bewußtsein, ziehe meine unsichtbare Unermeßlichkeit zu etwas Dichtem zusammen, meinen Äther zu einem Blitze und habe dann das empirische, ziemlich verständige Ich, das hier schreibt, kreiere aber immer hinter ihm fort, meine Welt so wenig kennend als die stahlische Seele (anima Stahlii) ihre Körper-Baute. Das meinten sowohl die Griechen, wenn sie die *Nacht* zur allgemeinen Gottes-Gebärerin machten, als die Ägypter, wenn sie den Maulwurf bloß seiner *Blindheit* wegen[50] unter die Götter beriefen. Wie ein Nachtwandler Predigten und andere Aufsätze, so mach' ich bewußtlos die Welten. Mir (empirisch genommen) grauset vor mir (absolut genommen), vor dem in mir wohnenden gräßlichen *Dämogorgon*[51] .

Mein zweites Maestoso ist, daß ich zwar viel Verstand habe, aber nicht genug; und in Meusels Gelehrtem Deutschland stehen mehrere Bogen voll Nationalgötter, die noch mehr darüber klagen dürfen. Ich lasse zu, der Verstand ist bewundernswürdig und unendlich und (im eigentlichen Sinn) kein menschlicher, den ich (als absolutes Wesen) bewies in der ganzen Einrichtung des Weltalls (Nicht-Ichs); aber ich weiß nicht, was ich dachte, daß ich meinen eignen subjektiven Verstand so stiefmütterlich und schmal beißen ließ, daß er nun meinen objektiven Verstand selber nicht kapiert. Bin ich nicht im niedern Fall der Tiere, in denen nach Herder das Mechanische so zunimmt, wie der Verstand abnimmt? – Beim Himmel! ich (empi-

---

[49] Pet. Lombard. dist. 6. v. c.

[50] Plut. quaest. Conv. 4. 5.

[51] Ein fürchterlicher bemooster Greis, der in dem Erd-Zentrum auf einer kleinen Kugel sitzt, der alles machte, selber die Götter, und den man nicht nennen durfte. Ramler.

risch) hätte der größte Kopf werden sollen, ein Universalgenie für ein solches Universum. So aber fasset mein gedachtes Ich von einem Objekte, das doch nur seinetwegen zum Vorstellen hingesetzt wurde, im Grunde so viel wie nichts.

Ferner das Nicht-Ich wird (von mir als absolut) auf einmal ausgeschaffen, das empirische Ich oft kaum in 40 Jahren. – Weiter: die Nicht-Ichs sind einander am Werte ziemlich gleich geschaffen, und die Ichs alle so verschiedene; entweder diese Verschiedenheit oder jene Gleichheit ist ein Wunder. Die Parteilichkeit ist also ja offenbar, die ich (als Aseität) bei meiner doppelten Menschwerdung oder Verwandlung ins Objekt und Subjekt ( ) verrate für das Objekt, und zwar in *dem* Grade, daß ich, als eine Sonne mich in diesem zweifachen Regenbogen farbig brechend, das arme Subjekt nur zum blassen umgekehrten Nebenbogen zu machen scheine und – um in dieser betrübten Sache ein heiteres Wortspiel zu hecken – insofern richtiger *Leibgeber* zu heißen verdiene als *Seelsorger*. –

Man will mich zwar damit trösten, daß ich (als intelligentes Ich) der tiefsinnigste Weltweise bin, den Deutschland gegenwärtig nährt. Ich kann das leicht zugeben, ohne daß meine Gegner viel dabei gewinnen. Kant zeugte 10957½ Nächte, nämlich 30 Jahre an seiner Kritik; Fichte brauchte vielleicht kein ¼ Jahr dazu (denn Lesen ist Machen); aber desto mehrere Jahre, um seine Wissenschaftslehre zu erfinden. Dieses schwere Werk macht' ich hingegen in *einem* Monat oder, popular zu reden, las es. So überstieg einer den andern. Meinen in 14 Tagen kaum ersonnenen Clavis verfertigt vielleicht ein Tropf durch sogenanntes Lesen in 2 Stunden. Aber so ists ja gar zu klar, daß jedes spätere Ich immer, ohne daß man weiß *warum* und *wodurch*[52] , alle Entwickelungen voriger Ichs[53] , die Reichtümer mehrerer Jahrhunderte, allzeit in wenigen Jahren und

---

[52] Diese Unbegreiflichkeit trifft und straft alle Schulen, auch die, die den Dualismus annimmt; denn diese verlegt sie aus dem Ich ins Nicht-Ich, wo sie noch größer wird, oder sie lässet sie betörend alternieren zwischen beiden, d. h. man setzt sich zwischen zwei Stühle.

[53] Denn eine vergangene Zeit wird schon an sich durch die Gegenwart gesetzt (Grundriß des Eigentümlichen der W. S.106) – so wenig auch bei dem absoluten Ich nach irgendeiner vor ihm zu fragen ist –; aber schon durch die Fichtische Mehrheit der Ichs wird sie postuliert, und sie wird dadurch noch objektiver als selber der Raum (diese Kubikzahl des Nicht-Ichs).

Stunden erschafft; der letzte wird (im eigentlichen Sinne) der erste sein.

Das ist mit eine von den übeln Folgen, wenn man, wie Fichte, mehrere Gottheiten statuiert als seine eigne. Man willige z. B. nur in die Existenz eines einfältigen Einheizers einer Bibliothek ein: so hat man 1000 Maestosos statt eines. Denn der Einheizer – der übrigens freilich einen Gott so repräsentiert wie etwan nach dem Clemens von Alexandrien in Thespien ein Klotz und in Samos ein Brett die Himmelskönigin Juno – hat inzwischen nicht nur die Natur samt ihrer unerschöpflichen niedern und höhern Mathematik erschaffen (fährt sogar fort[54]), sondern die herrlichen mathematischen und andern Werke über sein Machwerk und alle Sprachen in der Bibliothek, die er wöchentlich heizt, sind in Hinsicht der *Lettern* und *Figuren* (als Teile seines von ihm produzierten Nicht-Ichs) völlig *seine* Werke und Produkte. Gleichwohl ist dem Kalefaktor auf keine Weise der *Inhalt*, die geistige Bedeutung der Lettern beizubringen; gelingts dennoch und fasset er endlich Eulers Analysis oder Ernestis oder Leibgebers Clavis, oder was er sonst heizet, so lernt er nur das, was er früher drucken lassen, und erfindet (wie mehrere Philosophen) erst *nach* den Zeichen die Begriffe, ähnlich jenen steinernen Brunnentieren, die zu saufen scheinen, indes sie wirklich gießen[55] . Edler zu sprechen, er und jeder Lernende gleicht dem Wiener Grafen von meiner Bekanntschaft, welcher dem öden nackten Hinterkopfe einen netten falschen Zopf anband, der aus Haaren geflochten war, die ihm früher selber ausgefallen.

Wo bleiben meine Maestosos? – Ich bin mit dem zweiten nicht hinaus. Ich höre, sagt' ich oben, ich sei ein großer Philosoph als Fichtist oder Leibgeberist und man nenne mich, wie den großen Scholastiker Alexander Hales, den Doktor irrefragibilis. Ich gehe noch weiter und setze sogar dazu, daß mich oder Fichten nur wenige fassen und daß jeder (und wär' es ich selber), der mir widerspricht, dadurch am gewissesten zeige, daß er (und ebenso ich sel-

---

[54] Denn nach den Kartesianern (eigentlich nach jedem) müssen die Wesen in einem fort geschaffen werden; nach Origenes wird der göttliche Sohn immer vom Vater gezeugt; – welches dasselbe ist.

[55] Z. B. in Palermo scheinen Tiere, welche die vier Weltteile charakterisieren sollen, aus dem Wasserbecken zu saufen, das sie füllen.

ber, wenn ich mir widerspreche) mich nicht verstehe. Studenten (bekenn' ich mit Fichte) gehen in mich ein. Noch Nüchterne (ich spreche metaphorisch) nehmen, als wären sie physisch Nüchterne, leichter eine Krankheit an oder eine Kost und verarbeiten sie gewaltiger; Männer, welche schon die vorhergehenden Systeme, die Urgroßmütter des meinigen, kennen, vermögen das nicht. Aber was hilft es mir, wenn ichs so weit bringe wie Alchakim Biamvilla in Ägypten, der sich durch eine Namensunterschrift von sechzehntausend für einen Gott erklären lassen: sobald ein System wie in Neapel die Opera buffa (weil jeder Narr philosophiert[56]) 45mal hintereinander gegeben, nachgesungen, umgearbeitet, verarbeitet wird? Die Kuckucksuhren machen dann kalt gegen den wahren Kuckuck. Nach 20 Jahren lebt man nur noch mit einzelnen Gliedern in ganz wild-fremde Systeme eingenagelt. Ein poetisches Kunstwerk hingegen wird wie eine Opera seria *einmal* gegeben; und ist noch nach 100 Jahren ganz. –

Drittes Maestoso. Was dieses Klaglied anlangt, so werden wohl wenige unendliche Wesen in Europa – zumal in diesen Kriegsläuften – wohnen, die es nicht mitsingen, das nämlich, daß man selber den ungeheuern, allgewaltigen Riesen, den man das Nicht-Ich nennt, hingesetzt und nun von ihm wie Gott Saturn von den drei Kindern (den Regenten der Erde, des Meers und der Hölle) gebunden, entmannt und entthronet wird. Lavater[57] glaubt in der andern Welt sein Glück zu machen, wenn er allda (wie er ziemlich erweiset) Genies, Pflanzen, Welten und *Himmel* erschaffen könne. Er kann aber hier unten sehen, was dabei herauskommt; wir absolute Ichs insgesamt haben sehr und viel geschaffen, uns aber doch mehr auf Höllen gelegt. Wenigstens ist hier wieder die alte, von den neuern

---

[56] Wenigstens jeder energische Mensch, wenn er will. Der Philosoph wird zu keinem Dichter; aber ein Dichter kann leicht zum Philosophen herab, von Plato an bis auf den, den ich gerade vom Buchbinder bekommen. Ich meine Bouterweks vortreffliche Apodiktik, diesen haltbaren Felsen unter dem jetzigen logischen Schaum; so urteil' ich, nachdem ich erst den Anfang, die apodiktische Logik, gelesen. – Die Leichtigkeit des Philosophierens kommt daher, daß die Philosophie eine Opera von tausend zusammenhängenden Akten ist, zu denen man leicht einen neuen motivierten dazudichtet; hingegen dem Poeten helfen alle fremden Werke nichts, er muß eine neue ganze Opera machen. A. d. H.

[57] dessen Aussichten in die Ewigkeit II. Brief 12.

Ästhetikern nachgeahmte Parteilichkeit des absoluten Ichs für die Objektivität nicht zu verkennen, da es doch dem Subjekte hätte verhältnismäßige Kräfte geben sollen zum Gleichgewicht, anstatt den armen Zwerg aufs Schlachtfeld gegen einen blinden Polyphem zu treiben. Fichte nennt die Welt den *Widerschein* unsers göttlichen Ichs; der veraltete Freidenker *Edelmann* nennt sie einen *Schatten* Gottes. Letzteres hör' ich lieber, denn dieser Schatten verfinstert und verkältet das lilliputische intelligente Ich wahrlich bis zum Erfrieren.

Ich gestehe, wenn die absolute Ich- oder Freiheit, wie Fichte will, die Welt *nur* erschaffen hat, um einen Widerstand zum Handeln zu haben: daß mir dann manches zu hinken scheint. Sind denn zu meinen freien Religionsexerzitien so viele nie mich versuchende Sterne, Weltteile samt ihren Inseln, die vorigen Jahrhunderte, Käfer, Moose und das *ganze* Tier- und Pflanzenreich vonnöten? Und wenn ein Sloane das Dasein Gottes aus dem Magen beweiset – Donatus aus der Hand – Meier aus der Spinne – Menzius aus dem Frosch – Stengel aus Mißgeburten – und Schwarz aus dem Teufel[58] : ist denn wieder umgekehrt ebensoleicht das Dasein dieser Fündlinge aus dem göttlichen Ich zu deduzieren? – Denn man nehme besonders den letztern, den Teufel; nämlich fremde unmoralische Wesen. Find' ich nicht überall, daß der Widerstand, den sich das freie Ich entgegensetzt, zu mächtig ist? Und leitet Fichte nicht in seiner Sittenlehre §. 16 das Böse, also die Niederlage des reinen Ichs, von der Übermacht der sinnlichen Welt, also von dem Widerstande her, den es sich selber zu groß gesetzt?

Welches Verhältnis hat endlich die gleichförmige und über die empirischen Ichs rückwärts und vorwärts hinausreichende Entwicklung des *astronomischen* und *historischen* Nicht-Ichs (die eigentlich schon für sich nicht begreiflich ist) mit meinem freien Handeln? Lauter Fragen und Nöten!

Viertes und letztes Maestoso. Was endlich kläglicher ist als alles, ist das müßige, zwecklose, vornehme, insularische Leben, das ein Gott führen muß; er hat nichts zum Umgang. Sitz' ich nicht die ganze

---

[58] S. Derhams Astrotheologie.

Zeit und Ewigkeit da und lasse mich, so gut *ich kann*[59] , herab und mache mich *endlich*, um nur *etwas* zu haben, habe aber, wie kleinere Fürsten, doch nichts um mich als meine nachsprechenden *Kreaturen*? Jene beiden Franzosen in Berlin, die sich erboten – und es hielten –, ein ganzes langes theologisches, juristisches und jedes begehrte Kolloquium zu halten, bloß dadurch, daß jeder zum andern immer sagte: Monsieur! mit verändertem Akzente, – diese waren doch, wie gesagt, ein Dualis. Aber wie darf ich mich mit ihnen messen, der ich eine ganze Ewigkeit a parte ante – und die a post lässet sich auch nicht besser an – nichts zu mir sage als: Monsieur? – Es wäre doch etwas, könnt' ich nur einmal mich umkehren und sagen: Madame! oder gar: Bibi![60]

Ein Wesen, es sei welches es will und immerhin das höchste, wünscht etwas zu lieben und zu verehren. Aber der fichtische Leibgeberianismus lässet mir nichts dazu da, nicht einmal den Hund jenes Bettlers oder die Spinne jenes Gefangnen. Denn gesetzt, die beiden Tiere wären, so können nur die *neun* Bilder von uns, die ich, der Hund und die Spinne malen, etwas miteinander zu tun haben, wir selber nichts. Etwas Besseres, als ich selber bin, wornach doch jede Liebe ihre Flamme schlägt, ist gar nicht zu haben. Der *Mantel* der Liebe, der sich seit einigen Jahrtausenden ohnehin so schmal abtrug als das bischöfliche Pallium, das vier Finger breit liegt, verlodert nun vollends; und man behält nichts zum Lieben übrig als sein Lieben. Wahrlich ich wollte, es gäbe Menschen und ich wäre von der Zahl! –

Die Sache würde sich aber doch noch gemacht haben, hätte mich oder Fichten oder beide nur nicht der Satan verführt, daß wir setzten oder reflektierten. Ich hatte vorher, als Jupiter, meine hübsche menschliche Gestalt angenommen, um meine Geschöpfe zu genießen und anzuhören; jetzt aber ist mir nicht mehr zu helfen. Jede Gottheit, falls noch eine durch Postulieren zu gewinnen ist, sitzt wie

---

[59] »Das Ich ist endlich, insofern seine Tätigkeit objektiv ist etc. (unendlich, insofern sie gegen es selber). Aber diese Endlichkeit oder Begrenzung ist unendlich, weil die Grenze immer weiter hinausgesetzt werden kann.« Grundlage d. g. Wissensch. S.242.

[60] So nannte der naive wienerische Bibliothekar (welcher streitende Drei-Klang!) Duval alle geistreiche geliebte Korrespondentinnen.

ich in ihrem dicht verschlossenen Eis-Empyräum, träumt vielleicht das dreißigste Jahrhundert und den Uranus, wenn ich die Erde und das 18te träume, und ist und hört ihr Ichs-Monochord, die einzige Saite der ewigen Sphärenmusik.

Unser Tun und Einsehen ist, wie Jacobi sagt, ein Tun des Tuns, eine Einsicht der Einsicht; ich setze dazu: nur ein bloßes *Spiegeln* des *Spiegelns* – obwohl dieses unendliche Wiederholen und Abspiegeln doch *anfangs etwas anderes* wiederholen hätte sollen als das Wiederholen –, und wir leben so kärglich als jene im »Verkündiger« angezeigte Katze, die ein britischer Geizhals bloß, anstatt sie zu füttern, mit fetten Riemen überstrich und die sich selber den ganzen Tag belecken mußte, um zu leben. – Schelling sagt zwar in seiner »Philosophie der Natur«, es sei ihm anfangs diese Aussicht ins unermeßliche Nichts um seine Göttlichkeit her auch schlecht und frostig bekommen, aber endlich hab' ihn das innere – Schaffen erheitert und gelabt.

Aber wozu dasselbe? – Schaffen und Handeln ist dann bloß eine Zimmermannische Motionsmaschine, die man bewegt, um sich zu bewegen. Existiert vollends – wie ich leider nur gar zu sehr besorge – niemand als ich armer Hund, dem gerade das Los fallen mußte: so stand es wohl noch mit niemand so schlecht als mit mir. Aller Enthusiasmus, der mir zugelassen ist, ist der logische – Alle meine Metaphysik, Chemie, Technologie, Nosologie, Botanik, Insektologie besteht bloß im alten Grundsatz: erkenne dich selber – Ich bin nicht bloß, wie Bellarmin sagt, mein eigner Erlöser, sondern auch mein eigner Teufel, Freund Hein und Knutenmeister – Die praktische Vernunft selber (dieses einzige heilige Schaubrot für einen hungrigen philosophischen David) setzt mich mühsam in Bewegung, weil ich doch nur für mein Ich und für niemand weiter etwas Gutes tun kann – Lieb' und Bewunderung sind leer, denn gleich dem heiligen Franziskus drück' ich nichts an die (Vexier-)Brust als die von mir geballten Mädchen aus Schnee – Rund um mich eine weite versteinerte Menschheit – In der finstern unbewohnten Stille glüht keine Liebe, keine Bewunderung, kein Gebet, keine Hoffnung, kein Ziel – Ich so ganz allein, nirgends ein Pulsschlag, kein Leben, nichts um mich und ohne mich nichts als nichts – Mir nur bewußt meines höhern Nicht-Bewußtseins – In mir den stumm, blind, verhüllt fortarbeitenden Dämogorgon, und ich bin er selber – So komm' ich aus der Ewigkeit, so geh' ich in die Ewigkeit – –

Und wer hört die Klage und kennt mich jetzt? – Ich. – Wer hört sie, und wer kennt mich nach Ewigkeit? – Ich. –

Über tredition

Eigenes Buch veröffentlichen

tredition wurde 2006 in Hamburg gegründet und hat seither mehrere tausend Buchtitel veröffentlicht. Autoren veröffentlichen in wenigen leichten Schritten gedruckte Bücher, e-Books und audio-Books. tredition hat das Ziel, die beste und fairste Veröffentlichungsmöglichkeit für Autoren zu bieten.

tredition wurde mit der Erkenntnis gegründet, dass nur etwa jedes 200. bei Verlagen eingereichte Manuskript veröffentlicht wird. Dabei hat jedes Buch seinen Markt, also seine Leser. tredition sorgt dafür, dass für jedes Buch die Leserschaft auch erreicht wird.

Im einzigartigen Literatur-Netzwerk von tredition bieten zahlreiche Literatur-Partner (das sind Lektoren, Übersetzer, Hörbuchsprecher und Illustratoren) ihre Dienstleistung an, um Manuskripte zu verbessern oder die Vielfalt zu erhöhen. Autoren vereinbaren direkt mit den Literatur-Partnern die Konditionen ihrer Zusammenarbeit und partizipieren gemeinsam am Erfolg des Buches.

Das gesamte Verlagsprogramm von tredition ist bei allen stationären Buchhandlungen und Online-Buchhändlern wie z. B. Amazon erhältlich. e-Books stehen bei den führenden Online-Portalen (z. B. iBookstore von Apple oder Kindle von Amazon) zum Verkauf.

Einfach leicht ein Buch veröffentlichen: **www.tredition.de**

Eigene Buchreihe oder eigenen Verlag gründen

Seit 2009 bietet tredition sein Verlagskonzept auch als sogenanntes "White-Label" an. Das bedeutet, dass andere Unternehmen, Institutionen und Personen risikofrei und unkompliziert selbst zum Herausgeber von Büchern und Buchreihen unter eigener Marke werden können. tredition übernimmt dabei das komplette Herstellungs- und Distributionsrisiko.

Zahlreiche Zeitschriften-, Zeitungs- und Buchverlage, Universitäten, Forschungseinrichtungen u.v.m. nutzen diese Dienstleistung von tredition, um unter eigener Marke ohne Risiko Bücher zu verlegen.

Alle Informationen im Internet: **www.tredition.de/fuer-verlage**

tredition wurde mit mehreren Innovationspreisen ausgezeichnet, u. a. mit dem Webfuture Award und dem Innovationspreis der Buch Digitale.

tredition ist Mitglied im Börsenverein des Deutschen Buchhandels.

Dieses Werk elektronisch lesen

Dieses Werk ist Teil der Gutenberg-DE Edition DVD. Diese enthält das komplette Archiv des Projekt Gutenberg-DE. Die DVD ist im Internet erhältlich auf **http://gutenbergshop.abc.de**

FSC
www.fsc.org
MIX
Papier | Fördert
gute Waldnutzung
FSC® C083411

Zeitfracht Medien GmbH
Ferdinand-Jühlke-Straße 7
99095 Erfurt, Deutschland
produktsicherheit@kolibri360.de